JN412208

노사관계역사 200년

"복수노조 허용 이후의 한국노사관계를 전망한다."

신 은 종

북넷

개정판을 내며

이 책 노사관계역사 200년은 2007년 출간된 쉘 위 댄스 : 노사관계 200년 역사기행의 개정판이다. 부족함이 많음에도 불구하고 과분한 평가를 주신 독자께 감사와 존경을 드린다.

책의 이름을 바꾸었다. '이름 짓기'란 참으로 어려운 일임에 틀림없다. 성경에 나타난 인류의 첫 노동은 이름 짓기였다. 창세기에는 아담이 처음 행한 노동은 하나님의 창조물에 이름을 부여하는 것으로 기록돼 있다. 이름이란 그 사물의 본질을 가장 아름답게 드러내는 표상이다. 우리는 저마다 이름 짓기를 경험했을 것이다. 그 얼마나 고단하고 행복한 일인가. 처음 이 책의 이름을 쉘 위 댄스라 지은 이유는 내가 쓰고자 했던 주제가 노사관계의 '규칙'과 '신뢰'였기 때문이다. 수오 마사유키 감독의 영화 〈쉘 위 댄스〉 만큼 규칙과 신뢰를 잘 그려낸 작품은 없을 게다. 다소 선정적이어 보여도 이 제목을 고집한 것은 그 때문이다. 그러나

"무슨 뜻인지 잘 모르겠다"는 독자와 전문가의 평에 그만 주저앉고 말았다. 사물의 본질을 아름답게 드러내려다 그만 무엇인지도 모를 표상을 붙여 놓았으니 혼란스럽게 한 것은 저자의 고집과 무지 때문이다. 단순하고 명확한 표상이 필요했고, 결국 처음 생각했던 노사관계역사 200년 이라는 이름으로 되돌아갔다. 그러나 난 지금도 '쉘 위 댄스'라는 이름이 정겹다. 첫 이름이어서 만은 아니다. 그것이 우리 노사의 아름다운 모습일 수 있다는 생각 때문이다.

노사관계역사 200년은 자본주의 변화라는 코드를 통해 노사관계의 조응과 부조응의 역사를 쉽게 그려 놓은 책이다. 개정판을 내게 된 계기는, 해묵은 과제였던 복수노조 허용과 노조 전임자 임금금지에 대한 논의가 우여곡절 끝에 일단락 됐기 때문이다. 내 나름의 생각을 정리할 필요를 느꼈고, 이 책 말미에 다소 긴 '에필로그'를 달아놓았다. 첫 출판 이후 3년 동안 우리나라 노사관계는 또 많은 역사를 썼다. 2007년에는 복수노조 허용과 노조전임자 금지가 또 다시 3년 유예됐다. 그해 7월에는 비정규관련법이 제정되면서 노동시장의 변화가 있었다. 산별교섭도 새로운 국면을 맞이했다. 현대차 등 굵직한 대공장 노동조합이 금속노조로 통합되면서 산별교섭의 실험에 새로운 전기를 마련했기 때문이다. 골프장 캐디와 같은 특수고용형태종사자들의 문제도 사회적 의제로 대두됐다. 2008년에는 소고기 졸

속협상으로 '촛불'이 들불처럼 일어났고, 노동계의 정치투쟁도 본격화됐다. 2009년에는 쌍용자동차 노동자의 슬픈 투쟁이 77일 동안 이어졌고, 공공부문 노사관계에 대한 정부주도의 대수술도 시작됐다. 제도의 변화, 주체의 변화, 투쟁의 변화를 보면서 개별 사안에 사로잡히지 않는 '역사적 안목'의 중요성을 더욱 느끼게 된다. 역사를 통해 이해하지 않는 한, 그저 상처만 남긴 하나의 사건으로 과거에 묻히기 때문이다. 묻힌 과거는 역사로 되살아나지 않는 한 미래를 위한 어떤 교훈도 제공하지 못한다. 이 책이 우리 노사관계의 현실을 역사로 이해하는 데 도움이 됐으면 하는 맘 간절하다.

책을 낸 곳이 북 넷으로 바뀌었다. 이전 출판사의 사정으로 개정판을 낼 수 없었던 차에 젊은 출판사 북 넷이 기꺼이 출간을 맡아주었다. 출간된 지 3년도 채 안 돼 사라질 뻔했던 책이 새 생명을 얻은 셈이다. 출판시장의 상황을 모르지 않는 내가 북 넷에 느끼는 감사는 지면의 표현을 넘어선다. 부족한 글의 의미를 먼저 읽고 흔쾌히 맡아 준 북 넷의 유재식 사장님과 조승옥 부장님께 감사드린다.

2010년 새해 첫날
죽전 연구실에서 **신은종**

목 차

제4장 타협의 시대(1950~1960)

제5장 위기의 시대(1970~1980)

제6장 유연성의 시대(1980~현재)

노사관계 두 세기의 역사기행을 시작하며

카테나치오와 토탈사커

나는, 축구에 문외한이기는 하지만, 2006년 독일 월드컵에서의 이탈리아의 승리를 믿지 않는다. 보다 정확하게는, 카테나치오Catenaccio라는, 우리에겐 빗장수비로 더 잘 알려진 수비축구가 앞으로도 계속 승리할 것으로 보지는 않는다. 이탈리아의 승리는 게임의 우연성이 가져온 하나의 '사건'일 뿐이며, 공격 위주의 다이내믹한 현대 축구의 '흐름'을 바꾸진 못할 것이다. 카테나치오는 적어도 20여 년 전에 그 효력을 다했기 때문이다.

1988년, 10년 동안 부진의 늪에서 허우적대던 AC 밀란은 세계 최고의 프로리그인 세리에 A에서 우승을 차지한다. 다음해에는 챔피언스컵까지 거머쥔다. 챔피언스컵 준결승전 상대는 스페인 프리메라리가의 거인, 레알 마드리드. AC 밀란이 승리하리라곤 누구도 예측하지 못했다. 그러나 5:0이라는 기록적인 점수 차를 내며 AC 밀란은 화려하게 부활한다. AC 밀란의 화려한 부활을 이끈 주역은 사치 감독. 당시만 해도 무명이었던 그는 전통적인 카테나치오를 과감히 포기하고 박진감 넘치는 공격 축구를 구사해 축구사의 새 장을 열었다.

그 동안 축구의 상식으로 받아들여졌던 카테나치오는 수비위주의 축구다. 1934년 이탈리아는 카테나치오로 월드컵을 거머쥔다. 이탈리아 축구의 아버지라 불리는 포쪼는 거친 플레이로 유명했던 몬티를 중앙 수비의 핵으로 두고 기회가 생길 때마다 발빠른 역습을 시도하여, 강력한 우승후보였던 오스트리아와 체코를 물리치고 월드컵을 차지한다. 이후 카테나치오는 축구의 상식이 된다. 1960년대에는 인터 밀란의 에레라 감독이 포백의 거친 일대일 수비와 최후방에 스위퍼를 한명 더 포진시켜 사실상 다섯 명이 수비에 가담하는 극단적 수비 전술로 대성공을 거두기도 했다.

그러나 빗장을 걸어 잠근 카테나치오는 골을 넣어야 이기는 축구의 흥미를 반감시켰다. 득점이 줄어들고 페널티킥이나 승부차기로 승패가 결정되면서, 관중들은 축구를 떠나기 시작했다. 무엇보다 선수들의 부상은 카테나치오의 치명적 결점이었다. 결국 카테나치오를 고집한 이탈리아는 1970년 월드컵에서 펠레가 이끄는 브라질의 삼바축구에 패하고, 뒤이어 1974년 월드컵에서는 네덜란드 요한 크루이프의 토탈사커에 무릎을 꿇는다.

토탈사커는 네덜란드 리누스 미셸 감독이 처음 고안한 공격축구로, 미드필드에서부터 가하는 강한 압박을 특징으로 한다. 전통적인 포지션을 파괴하고, 3-4-3 포메이션을 기본으로 선수 전원이 공격과 수비를 유기적으로 펼쳐나가는 다이내믹한 공격축구다. 이탈리아의 패배는 박진감 넘치는 공격축구로 변해가는 세계적 흐름을 읽지 못한 채 카테나치오라는 전통적 무기만을 고집한 결과였다.

노사관계라는 게임

축구 얘기를 꺼낸 것은 노사관계가 종종 게임에 비유되기 때문이다. 축구는 가장 단순한 규칙을 갖는 게임이다. 선수들은 몇 가지 규칙에 따라 경기를 진행하며, 감독은 다양한 전술을 구사한다. 심판은 규칙을 관리하며, 반칙에는 일정한 제재를 가한다. 노사관계도 노勞와 사使라는 플레이어들이 일정한 규칙에 따라 '관계'를 맺으며, 자신의 효용을 극대화하기 위해 다양한 전술을 구사한다. 규칙은 정부라는 외부 권위나 경기자들이 스스로 만든 약속 - 단체협약과 같은 - 에 의해 관리되며, 반칙에는 역시 일정한 제재가 가해진다.

축구는 관중의 영향력이 큰 경기다. 훌리건과 같은 맹목적 관중은 축구를 게임 이상의 쟁투爭鬪의 장으로 만들기도 하고, '붉은 악마'와 같은 서포터는 멋진 응원으로 축구에 묘미를 더한다. 관중은 페어플레이에 반하는 행위에 대해 야유를 퍼부으며, 상대선수를 배려하는 스포츠맨십에는 박수를 보낸다. 축구에서의 관중은 노사관계에서의 여론과 같다. 훌리건과 같은 저급한 여론은 노사관계의 게임에서 필연적인 갈등을 백안시한다. 파업이 일어나면, 파업의 원인을 따져보기보다는 자신의 불편함 때문에 비난만을 일삼는다. 그러나 서포터와 같은 성숙한 여론은 갈등의 자연스러움을 이해하며, 노와 사가 건전한 경쟁을 통해 보다 나은 질서를 만들 수 있도록 인내하며 기다린다.

축구는 비단 공을 차는 행위만은 아니다. 현대 축구의 메카로 불리는 이탈리아를 보면 알 수 있다. AC 밀란과 인터밀란의 경기는 단순히 지역을 대표하는 게임이 아니라, 이탈리아 사회에서 갈등하는 두 집단의 소통 공간이였다. 이들이 기록한 100년의 역사는 때론 파시즘과 반파시즘의 대결이었고, 좌익과 우익 간의 투쟁이기도 했으며, 블루칼라 노동자와 중산층 간의 경쟁이기도 했다. 노사관계 역시 단순히 작업장에서의 노동자와 사용자 간의 관계만은 아니다. 노사관계는 좌우左右 이념 간의 갈등의 장이기도 했고, 민주와 반민주의 대결의 장이기도 했으며, 보수와 진보의 경쟁의 장이기도 했다. 그만큼 축구와 노사관계는 그 행위 방식뿐만 아니라 사회적 의미에 있어서도 유사한 점이 많다.

자본주의의 변화와 노사관계의 변화

축구의 역사만큼, 노사관계의 역사도 변화의 역사였다. 200여 년의 역사를 갖는 노사관계는 노동과 경영 간의 대립과 화해, 투쟁과 타협을 반복하며 변화해왔다. 그 중심에는 자본주의의 변화, 즉 경쟁자본주의에서 독점자본주의로, 다시 국가 독점자본주의로, 포드주의 자본주의로, 위기의 자본주의로, 그리고 지금의 유연성의 자본주의로의 변화가 자리잡고 있다.

자본주의는 산업혁명을 거치며 초기 '경쟁자본주의'를 탄생시켰다. 기계와 철도의 발명으로 생산성이 발전하고 시장이 확대되면서 경쟁자본주의는 성장을 거듭했다. 1870년대 유럽공황을 계기로 경쟁자본주의는 '독점자본주의'로 전환된다. 경쟁에서 탈락한 소규모 자본을 통합한 거대자본은 산업 전체를 장악하는 독점자본으로 발전했다. 20세기 초에는 전쟁과 공황을 계기로 '국가 독점자본주의'가 발달한다. 1917년 소비에트 혁명으로 현실사회주의가 등장하자, 자본주의 국가들은 사회주의의 확산을 막기 위해 노동자의 요구를 수용하면서 혼합자본주의를 발달시켰다. 2차 세계전쟁이 끝난 후 '황금기Golden Age'라 불리는 번영의 시대가 개막되면서, '포드주의 자본주의'가 본격화됐다. 대량생산과 대량소비를 바탕으로 발전한 포드주의는 산업사회Industrial Society를 형성했다. 1970년대에 접어들며, 포드주의 자본주의는 위기를 맞는다. 좀 키퍼Yom Kippur 전쟁으로 발발한 석유 위기는 자본주의 위기를 심화시키고 포드주의를 해체했다. 1980년대에 들어 세계화가 확산되면서 포드주의를 대체하는 '유연성의 자본주의'가 발달해 오늘에 이르고 있다.

자본주의의 변화에 따라 노사관계의 성격도 변화했다. 초기 경쟁자본주의 하에서는 '저항의 노사관계'가 형성됐다. 신흥 자본가들의 극심한 착취에 대항해 노동자들은 최소한의 생계를 유지하기 위해 산발적인 저항을 전개했다. 작업을 거부하는가 하면, 기계를 파괴하기도 했다. 그러나 근대적 의미의 노사관계는 아직 형성되지 못했다. 노동자들은 자본가에 대항할 수 있는 조직도 제대로 갖추지 못했고, 봉건질서를 대신해 등장한 자본주의라는 경제시스템도 제대로 이해하지 못했기 때문이다.

독점자본주의 단계에서는 '투쟁의 노사관계'가 형성됐다. 노동자들은 독점자본에 대항할 수 있는 거대한 산업별 노동조합을 조직하고, 임금인상과 노동시간 단축 등 자신들의 경제적 권리를 찾아나갔다. 자본주의 질서를 근본적으로 변혁하기 위한 정치투쟁도 불사했다.

전쟁과 공황으로 혼돈에 휩싸였던 20세기 초 국가 독점자본주의 시대에서는 '타협의 노사관계'가 형성됐다. 1차 세계전쟁과 공황, 뒤이은 2차 세계전쟁의 소용돌이 속에서, 노동자들은 노동기본권을 법적으로 보장받기 위해 한편으로는 투쟁을, 다른 한편으로는 타협을 계속했다. 정부와 자본에 대한 정치투쟁을 통해 노동3권을 확보했고, 전쟁에 협조한 대가로 정책결정과정에 참여할 수 있는 기회도 얻었다. 그러나 장기화된 공황과 전쟁은 노동자들의 삶을 파괴했다. 정부에 의해 포섭된 노동조합 지도층은 노동자의 요구를 관철시킬 능력도, 의지도 없었다. 노동자의 불만은 극에 달했고, 노동조합 상층부에 대한 불신이 커져갔다. 공황과 전쟁으로 인한 혼란만큼이나 노사관계도 혼란스러웠다.

황금기에 발달한 포드주의 자본주의 하에서는 '교섭주의 노사관계'가 발달했다. 20여 년의 황금기가 계속되면서, 노동조합은 투쟁 아닌 '교섭'을 통해 높은 임금과 안정된 고용이라는 과실을 쉽게 얻을 수 있었다. 그 과정에서 '교

말馬보다 더 빠른 철로 만든 말, 그리고 산업 혁명

시속 26킬로미터로 달리는 90톤짜리 철로 된 말馬. 이 말의 이름은 로커모션Locomotion호다. 1825년 스티븐슨은 자신이 만든 로커모션 호를 직접 운전하면서 철도 상용화를 세상에 알렸다. 와트가 증기기관을 발명한 지 꼭 56년 만의 일이다. 나침반과 지도를 발명한 인류는 실패를 거듭하면서도 끊임없이 '이동과 확장'을 추구했다. 1804년 트래버식은 증기기관차를 만드는 데 성공했지만, 상용화에는 실패했다. 철도레일이 기관차의 하중을 견디지 못했기 때문이다. 그 후 20년이 지나 스티븐슨은 철도 상용화를 세상에 알렸다.[1] 스티븐슨의 로커모션 호는 비록 스톡턴-달

1) 리오 휴버만 (2000)

로커모션 호
1825년 스티븐슨은 로커모션을 직접 운전하면서 산업혁명의 완성을 알렸다.

링턴의 짧은 거리를 달렸지만, 인류는 이미 자신이 만든 지도 위에서 전 세계를 달리고 있었다.

철도 상용화는 산업혁명이라는 거대한 역사의 완성을 의미한다. 산업혁명은 초기 노사관계를 이해하는 중요한 열쇠다. 이를 계기로 초기 자본주의가 형성됐기 때문이다. 산업혁명의 과정을 간략히 살펴보자. 처음 산업혁명은 16세기경 석탄의 발견으로 시작됐다. 석탄이 발견되기 전까지, 열에너지를 얻을 수 있는 유일한 원천은 나무였다. 그러나 나무는 열효율이 높지 않았고, 게다가 무분별한 벌목으로 산림자원이 쉽게 고갈되곤 했다. 인류는 새로운 에너지 원천이 필요했다. 새로 발견된 석탄은 나무에 비해 값도 쌀 뿐만 아니라 열효율도 매우 높았다. 새로운 에너지를 얻은 인류는 기계를 발명하기 시작했다. 1764년에는 하그브리스가 제니 방적기를, 1785년에는 카트라이트가 역직기를 발명했고, 조악한 수준의 면직물 수공업은 이제 '산업'으로 발전할 수 있었다. 그 후, 기계는 모든 부문에서 수공업적 길드 생산방식을 공장제 생산방식으로 변화시켰다. 공장제 생산방식은 사람의 숙련노동에 의존하는 과거 수공업 생산과는 비교할 수 없을 정도로 높은 생산성을 보였다.

기계의 발명으로 생산성이 높아지자, 자본가들은 원료와 상품을 빠르게 나를 수 있는 운송수단이 필요해졌다. 그 결과 증기기관과 석탄을 이용한 철도가 발명됐고, 1825년에는 철도 상용화가 이루어졌다. 뒤이어 1827년 미국에서 볼티모어-오하이오 철도 회사가 설립되면서 광활한 대륙은 철도로 연결되기 시작했다. 자본가들은 철도로 인해 필요한 원료를 빠르고 손쉽게 얻을 수 있었을 뿐만 아니라, 기계에 의해 대량으로 만들어진 상품을 먼 거리까지 운송하면서 막대한 부를 축적해 나갔다. 석탄의 발견, 기계의 발명, 철도의 상용화를 거쳐 산업혁명이 완성되면서 자본주의라는 새로운 생산양식이 발전하기 시작했다.

족시킨다. 더 많은 공급은 가격을 낮추고, 낮은 가격은 수요를 확대시키고, 이로 인해 다시 공급이 증가하는 과정이 반복된다. 결국 시장은 수요와 공급이라는 자기조절장치를 통해 부의 생산을 극대화시킬 뿐만 아니라 사회적으로 공정하고 효율적인 자원배분을 실현한다. 따라서 사회적 부를 확대시키기 위해서는 개인의 자유 – 더 구체적으로는 영업활동의 자유 – 를 최대한 보장해야 하며, 보이지 않는 손의 메커니즘을 방해하는 정부의 간섭이나 규제는 없어져야 한다는 것이다. 정부의 개입은 자원의 효율적 분배를 왜곡하여 사회적 부를 늘리는 데 도움이 되지 않기 때문이다.

자유방임 세계에서 개인의 부와 사회적 부를 증대시키는 또 다른 요인은 경쟁이다. 경쟁은 자본이 갖는 본질이기도 하다. 마르크스가 정의하듯 자본은 스스로 증식하는 가치다. 자기증식성을 갖는 자본은 이윤을 창출하지 못하면 소멸하고 만다. 그러기에 자본은 단순한 돈의 뭉치가 아니다. 어마어마한 돈의 뭉치가 있다 하더라도 성경의 '달란트 우화' 처럼 땅에 묻어놓으면, 그것은 저축일 뿐 자본은 아니다. 자본의 증식은 이윤을 실현할 때만 가능하고, 이윤의 실현은 시장에서 상품을 팔아야만 가능하다. 이를 위해 기업은 상품의 새로움, 질, 가격 따위를 놓고 경쟁한다. 이러한 경쟁은 소비자에게 보다 싼 가격의 상품을 제공함으로써 개인의 편익과 사회적 부를 증대시킨다.

그러나 당시 자유방임 자본주의에서의 경쟁은 확대되는 시장수요에 얼마나 더 빨리 상품을 공급할 것인가 하는 속도의 경쟁이었고, 보다 낮은 임금으로 잉여를 늘리기 위한 노동착취의 경쟁이었을 뿐이다.[3] 속도 경쟁과 저임금 경쟁 아래서 노동자들은 장시간 노동과 기아 임금에 시달려야 했다. 스미스가 바랬던 사회적 부의 창출은 당시엔 허상에 불과했고, 시장은 오로지 신흥 자본가의 편익만을 보장해 줄 뿐이었다.

사실 스미스의 이론은 신흥자본가에 의해 자유방임으로 왜곡돼 발전됐다. 국부론보다 17년 먼저 발간된 '도덕감정론' (1759년)에서 스미스는 자본주의라는 물질체제를 떠받치는 정신을 강조했다. 그 정신은 덕성, 정의, 관용, 자혜慈惠라는 인간의 본성으로 자본주의 체제가 제대로 작동하는 데 필요한 의식적 기반이다. 그러나 신흥 자본가에게 덕성은 중요하지 않았다. 다만 이들은 이윤을 창출하는 데 필요한 것만을 편리하게 골라 자유방임주의를 발전시킨 셈이다.

3) 리오 휴버만 (2000)

영국의 상황도 마찬가지였다. 1837년 영국 상무성이 발표한 자료는 당시의 여성 노동과 아동 노동이 얼마나 심각했는가를 말해주고 있다. 면직물 공업에 종사했던 18만 명의 노동자 중, 성인남자는 50,675명으로 30%도 채 되지 않았다. 반면, 여성 노동자는 성인남자보다 많은 53,410명이었고, 13세에서 18세의 아동 노동자도 53,843명이나 됐다.[6] 13세 미만의 아동도 24,164명이나 됐다는 사실은 충격적이다.

루이스 W. 하일-일하는 아이들 (비커 골드버그, 1999)

6) 워르겐 쿠진스키 (1989)

하루 12시간 노동은 신神의 은총

"그 사람들은 우리가 잠이 들면 가죽 끈으로 때렸습니다. … 나는 아침 6시가 조금 못 돼서, 때로는 5시에 공장에 나가서 밤 9시까지 일했습니다. … 어느 날인가는 밤새도록 일했습니다."[7]

1833년 영국의회가 발간한 아동고용 보고서에 실린 11살 난 토마크 클라크의 증언이다. 기계제 생산은 성인남성 노동을 여성과 아동으로 대체했을 뿐만 아니라 장시간 노동을 만연케 했다. 기계는 인간의 힘든 노동을 대신하기 때문에, 어쩌면 노동자의 삶을 한층 나아지게 할 수도 있었을 것이다. 그러나 초기 자본주의는 이를 허용하지 않았다. 공

7) 리오 휴버만 (2000)

장주들에게 기계는 놀려두어서는 안 되는 자본일 뿐이었다. 새로운 기계가 나오면 고물이 되기 때문에, 가급적 많은 것을 뽑아내고자 밤낮으로 기계를 돌렸다. 노동자들에게 돌아온 것은 장시간의 고된 노동 뿐이었다. 1830년에서 1850년대의 노동자들의 하루 평균 노동시간은 16시간에 이르렀으며, 심지어는 20시간을 계속하여 일하는 노동자도 있었다.[8] 산업혁명 이전의 하루 평균 12시간 노동과 비교해도 크게 늘어난 셈이다. 노동자들은 계속되는 장시간 노동을 견딜 수 없어 노동시간 단축을 요구하는 산발적 투쟁을 벌였고, 1820년대 말 영국에서는 '12시간 노동법'이 통과되기도 했다. 그러나 공장주들은 기계를 놀리지 않기 위해 12시간 2교대로 기계를 돌렸다. 하루 12시간 노동을 신의 은총으로 생각할 만큼 장시간 노동은 만연돼 있었고[9] 자본가의 막대한 부는 여기서 나오는 것이었다.

기계제 생산은 노동 강도도 강화시켰다. 수공업 시절에는 노동자가 자신의 노동 속도를 통제할 수 있었다. 작업 감독자가 있기는 했지만, 노동시간 정도만을 감독할 수 있을 뿐, 노동과정 전체를 직접 감독하기는 곤란했다. 그러나 기계제 공장에서는 기계의 속도에 맞추어 노동해야 하기 때문에 노동자는 노동시간을 조절할 수 없다. 뿐만 아니라

8) 리오 휴버만 (2000:2003), 형성사 편집부 (1984:25)
9) 리오 휴버만 (2000)

작업 감독자의 감독도 매우 엄격했다. 당시 영국 맨체스터 부근 한 공장의 방적공들은 물 마시러 가는 것조차도 금지 당한 채 하루 14시간을 노동해야 했다. 몸을 씻다가 적발될 땐 1실링의 벌금을 물어야 했고 휘파람을 불어도 벌금을 물리는 그런 정도의 감독이었다.[10]

장시간 노동에 지친 노동자들은 쉽게 병들거나 죽어갔다.
(쿠진스키 '노동계급 등장의 역사', 1985))

이처럼, 기계제의 도입은 노동의 성격과 방식을 변화시켰고, 자본은 기계제를 통해 노동을 착취함으로써 잉여를 확대해 나갔다. 이후 경쟁자본주의가 진전되면서 자본가들이 늘어났고, 그만큼 이들의 경쟁은 날로 치열해졌다. 그러나 그들의 경쟁은 저임금, 장시간 노동, 노동 강도 강화라는 형태로 노동자에게 고스란히 전가되고 있었다.

10) 리오 휴버만 (2000:2004),

"우리를 속박하는 기계를 파괴하자"

러다이트

"그대가 저 혐오스러운 털깎기 기계의 주인이라는 제보가 들어왔다. 내 부하들은 내가 당신에게 편지를 보내어 그것을 폐기하라고 경고하길 원했다. 당신은 이제부터 내가 하는 말을 잘 듣기 바란다. 다음 주말까지 그 기계들을 없애지 않으면, 그것을 깨부수기 위해 300여 명의 부하를 보낼 것임을 경고한다. 우리가 가게 되면 당신은 공장이 잿더미로 변하는 재앙을 당할 것이고, 당신이 내 부하 가운데 어느 누구에게라도 발포하는 무분별한 행동을 저지른다면, 그들에게 당신을 살해하고 당신의 집을 온통 불질러버리라고 명령할 것이다. 결국 당신은 기계소유자들인 당신의 친구들에게도 빨리 자신의 기계를 없애지 않으면 똑같은 운명이 자신을 기다리고 있음을 깨닫도록 하는 호의를 베풀게 될 것이다." **진실을 위한 구세군 장군 네드 러드**[11)]

기계가 도입되면서 생산성은 크게 높아졌지만, 노동자에게 돌아온 것은 저임금, 강도 높은 노동, 장시간 노동뿐이

11) Willim Gladstone & Benjamin Disraelii (연도미상)

보헤미아의 기계파괴자(1844) (쿠진스키 '노동계급 등장의 역사, 1985)

었다. 기계로 인해 일자리가 사라지면서 고용도 날로 불안해져 갔다. 그 원인이 '기계'라는 괴물 때문이라고 노동자들은 생각했다. 당시 노동자의 기계에 대한 인식은 1819년 프랑스 비엔느의 재단공들의 탄원서에 잘 나타나 있다.

그러나 탄원도 자본주의의 진전을 막지 못했고, 기계는

"이 기계는 12시간 만에 옷 만드는 천 1,000엘(1엘은 45인치)을 재단할 수 있고, 광택은 물론 솔질까지 하게 될 것이므로 이 일을 하는 데는 기껏해야 네 사람 정도의 노동자만 필요할 뿐입니다. 이것은 유해한 수단입니다. 이 기계를 사용하면 많은 노동자들이 일을 잃고 파멸하게 될 것입니다."[12)]

더욱 늘어만 갔다. 급기야 노동자들은 기계 파괴에 나서기 시작했다. 러다이트 운동으로 불린 기계파괴 운동은 1760년대 영국에서 섬유공업을 중심으로 시작되어 그 이후 50년 이상 지속되었으며, 독일, 프랑스 등 유럽 국가에서도 1830년대까지 계속됐다. '러다이트'란 말은 양말 짜는 기계를 처음 파괴한 레스터셔 지역 직인으로 알려진 네드 러드 이름에서 유래됐다.[13)] 초기의 기계파괴 운동을 주도한 세력은 주로 숙련노동자들이었다. 기계는 자신들의 숙련을 불필요하게 할 뿐만 아니라, 기계제와의 경쟁에서도 승산이 없었기 때문이다. 이후에는 기계제 생산이 확산되면서 숙련노동자뿐만 아니라 미숙련노동자들도 대거 참여하기 시작했다.[14)]

기계파괴 운동이 확산된 이유는 노동자들에게 다른 '합법적인' 길이 열려 있지 않았기 때문이기도 했다. 당시 노동자들은 자신들의 단체조차도 만들 수 없었다. 영국에서

12) 김금수 (2001)
13) 김금수 (2001)
14) 위르겐 쿠진스키 (1989:46)

는 단결금지법Combination Act(1789)이 노동자의 단체결성을 엄격히 금지했다. 단결금지법에도 불구하고 노동자들은 노동조합을 조직하고 때론 파업도 벌였지만, 번번히 실패하고 만다. 독일과 프랑스 등 서유럽 국가의 경우도 마찬가지였다. 독일에서는 1847년까지 노동조합 결성이 법으로 금지됐었다. 프랑스에서는 대혁명 직후 1791년 제정된 르 샤프리에 법이 노동자의 단결을 금지했으며, 1830년부터 1847년까지 천 개가 넘는 노동조합이 단결금지법 위반으로 고발되기도 했다.[15]

당시의 노동조합은 자유방임주의라는 시대정신에 대한 중대한 도전으로 인식됐다. 임금은 노동시장에서 수요와 공급에 의해 결정돼야 하며, 노동조합이 개입해서는 안 된다고 여겨졌다. 노동조합이라는 압력을 이용하여 임금을 인상시킨다 해도, 그것은 다른 노동자들의 정당한 이익을 희생시켜 달성된 것에 불과하다는 주장이 팽배해 있었다. 당시의 중산층들마저도 노동조합운동은 '잘못된 어떤 것'이며 현실에 해악을 끼칠 뿐이라고 생각한 이유는 이 때문이다. 맨체스터학파의 경제학을 비판했던 찰스 디킨스조차도, "노동조합 지도자란 이기적인 선동가일 뿐이다. 노동자들 가운데 가장 고결한 자는 고난의 시절에도 불구하고 스티븐 블랙플과 같이 노동조합 가입을 거부했기 때문에 동

15) 김금수 (2001)

료로부터 소외된 인물"이라고 생각할 정도였다.[16]

기계파괴 운동이 확산된 또 다른 이유는 노동의 소외에 있었다. 쿠진스키는 "기계는 노동자를 자신의 부속품으로 만들고 노동과정의 소외를 발생시켰다. 즉 기계는 노동자의 소외를 완성시켰다"고 말한다.[17] 기계가 도입되면서 노동자는 노동과정에서 필요로 했던 '지적 활동'이 사라지고 '기계의 부속품'으로 전락해 갔다. 같은 맥락에서 칼 비더만은 당시 노동의 소외를 생생히 그려내고 있다.

"… 아마도 여러분들은 쟈쿼드Jacquard[18] 라는 독창적인 발명품을 알고 있을 것이다. 이 발명품의 특징은 다음과 같다. 보통 직기의 경우, 특별한 모양을 만들기 위해 실을 다양하고 복잡하게 엮는 일은 노동자 자신에 의해, 그리고 때로는 직기의 특별한 배치와 작업 중의 정확한 조정에 의해 영향을 받지만, 새 기계에서는 간단하고 독창적인 기계장치 덕분에 그러한 일이 노동자의 개입 없이도 자동적으로 일어난다. 이전에 직포공이 제품의 본을 직기에 옮기기 위해 사용해야 했던 지능은 이제 기계에 넘겨졌다. 직포공은 과거에 그의 지능을 사용함으로써 얻을 수 있었던 편익을 상실하였으며, 그 편익은 기계소유주 즉 경영주의 것이 됐다. 결국 노동자는 이중의 불리함을 당했다. 첫째로 노동자가 사용하고 실현할 수 있는 것은 이제 자신의 기계적인 힘과 기술뿐이며, 둘째로 노동자는 옛 것과 비슷하기는 하지만 훨씬 더 비싼 이 자쿼드 직기를 가질 만한 처지가 못 됐다. 즉 그는 이제 더 이상 독립적인 장인일 수 없으며 낯선 고용주에게 용역을 제공하고 보수를 받는 형태로 자기 삶을 꾸려갈 수밖에 없다."[19]

기계파괴 운동은 기계의 도입으로 인한 일자리 감소, 저

16) 헨리 펠링 (2001)

17) 위르겐 쿠진스키 (1989:33)

18) 직기의 한 종류

19) Karl Biedermann (연도미상, 위르겐 쿠진스키 1989:33에서 재인용)

임금의 장시간 노동, 단순노동으로 인해 심화된 노동의 소외가 직접적 원인이었다. 뿐만 아니라, 노동자들의 단결은 금지되어 있었고, 노동자들의 탄원이나 청원도 거부됐으니, 파괴적 출구를 찾은 결과였다. 노동자들은 급기야 실력행사를 시작했다. 그 대상은 '노동자를 속박하는 기계' 였고, 방법은 파괴였다.

기계파괴 운동은 노동자들의 조직적 저항의 맹아로 평가할 수 있다. 봉건적 질서에 익숙해 있던 노동자들이 '청원'을 넘어서 파괴적인 실력행사를 감행했다는 것은, 당시의 상황에 비추어볼 때 매우 커다란 변화였다. 기계파괴 운동이 시작되던 1770년대 영국의 경우, 노동자의 임금은 지방법원에서 정하는 임률표에 의해 결정됐다. 따라서 임금에 대한 불만은 대부분 탄원이나 입법청원에 의해 해결하는 것이 관행이었다. 그러나 경쟁이 날로 심화되면서 고용주들은 임률표에 의한 임금결정에 불만을 드러내기 시작했고, 급기야 1780년에는 영국하원이 이를 폐지하고 만다.[20] 임률표 폐지는 노동자들에게는 합법적 청원의 길이 단절됨을 의미했다. 결국 노동자들은 직접적인 실력행사를 시작했고, 이후 1830년대까지 60여 년간 지속되면서 수많은 희생과 피해가 속출했다.

기계파괴 운동은 조직적 저항을 위한 노동자의 잠재력을

20) 시드니 웹 . 베아트리체 웹 (1920)

보여주었으나, 역사의 몰인식이라는 커다란 한계를 갖고 있었다. 노동자들이 기계를 파괴하여 얻고자 했던 것은 과거 수공업적 생산과 분배의 전통으로 돌아가는 것이었다. 그들은 '기계'가 상징하는 '자본주의'라는 새로운 역사는 과거와 단절되어 있다는 점, 그렇기에 과거로 돌아갈 수 없다는 점을 인식하지 못했다. 마르크스가 말한 것처럼, 그들은 기계 자체와 자본이 기계를 사용한다는 사실을 구별하지 못했다. '생산수단' 그 자체가 아니라 생산수단의 '사용방식'에 대해 공격해야 한다는 사실을 터득하지 못했다.[21)] 기계파괴 운동은 역사의 흐름을 올바로 이해하지 못한 채, 과거로의 회귀라는 불가능한 대안을 제시함으로써 커다란 희생만을 초래한 채 소멸하고 만다. 다만, 역사의식이 결여된 낮은 수준의 저항이었다 하더라도 영국을 비롯하여 유럽의 전역으로 확산되어 30여 년간 지속됐다는 사실은 당시 노동자들의 잠재적 능력을 보여준 것임에는 틀림없다.

기계파괴 운동은 '자본주의체제에서 정부란 누구 편인가'라는 문제를 최초로 제기하기도 했다. 당시에는 비록 산업혁명이 완성된 단계였지만, 문화적으로는 중세적 온정주의가 지배적이었다. 노동자는 '선善'한 정부에 대한 믿음을 가지고 있었고, 따라서 문제가 생기면 탄원이나 입법청원을 통해 정부의 자비를 기대했다. 그러나 정부는 노동자보

21) 볼프강 아벤트로트 (1987)

다는 자본의 이익을 먼저 생각했다. 결국 노동자들은 수많은 희생을 치르면서 자신들의 임금과 고용은 자신이 아닌 타인에 의해 보호될 수 없다는 사실을 인식하게 됐다.

기계파괴 운동은 노사관계에서 소통의 기회가 제한되면 파괴를 초래한다는 지극히 평범한 사실을 일깨우기도 한다. 허쉬만 이 지적한 의사소통Voice과 퇴장Exit의 문제는[22] 기계파괴 운동에서는 좀 다르게 표현될 수 있다. 노동자들의 탄원이나 입법청원은 거부됐고, 단체 결성마저 자유롭지 못했다. 소통의 기회를 박탈당한 노동자들은 그렇다 하여 퇴장을 선택할 수도 없었다. 퇴장은 곧 생계를 유지할 수 없음을 의미하기 때문이다. 퇴장이 죽음과 다르지 않는 상황에서, 의사소통 통로의 단절은 불가피한 파괴적 저항을 불가피하게 야기한다는 단순한 사실을 기계파괴 운동의 역사는 말해주고 있다.

22) Albert Hirschman (1970)

7 온정주의의 발현 – 오웬주의

노동조합운동과 함께 발전했던 또 하나의 움직임은 온정주의에 기초한 생산자 협동조합운동이었다. 생산자 협동조합운동은 1830년대 오웬, 생 시몽, 푸리에 등 공상적 사회

로버트 오웬의 생활공간 구성도(1825년) (이진경, '자본을 넘어선 자본', 2004)

주의자들이 주도했다. 이들은 리카르도의 잉여가치이론과 차티즘Chartism에 사상적 뿌리를 두고, 자선주의를 실천함으로써 노동의 빈곤을 해소하고자 했다.

스코틀랜드 뉴라나크 면직공장의 지배인이었던 로버트 오웬은 노동자의 임금을 올리고 처우를 개선하는 것은 노동자뿐만 아니라 사회 전체의 이익에도 도움이 된다고 생각했다. 노동자들의 처우를 개선하면, 노동자들이 보다 자발적으로 생산성 향상을 위해 노력할 것이고, 노동생산성이 높아지면 이윤도 증가할 것이라 믿었기 때문이다. 오웬은 임금인상 뿐만 아니라 노동자의 작업환경도 개선하고, 당시 확산됐던 아동 노동도 금지했다. 공장 안에는 공동소비조합을 만들어 음식, 의복 등 생필품을 낮은 가격에 공급했고, 문맹퇴치를 위해 노동자를 교육시키기도 했다.

생산과 판매는 협동조합을 통해 노동자에 의해 결정됐으며, 상품가격은 생산에 투입된 '사회적 필요노동시간'과 원료비 등을 합한 수준으로 정해졌다. 소비조합 안에서 거래를 촉진하기 위해 노동권이라는 새로운 화폐를 발행하기도 했다. 뿐만 아니라 경쟁은 인간관계의 적대성을 증가시켜 사회 전체를 해체시킬 수 있다고 보고 철저히 금지하기도 했다. 오웬의 접근은 당시로선 획기적이었을 뿐만 아니라 신자유주의 경향이 심화되는 지금도 생각해 볼 거리를 제공하고 있다.

영국을 중심으로 발달한 생산자 협동조합운동은 1830년대에는 500여 개의 협동조합이 결성될 정도로 빠르게 확산되기도 했다.[29] 그러나 높은 임금으로 인한 생산비 상승으로 경쟁에서 살아남지 못한 채, 소멸하고 만다. 오웬주의 실험은 미국에서는 푸리에의 '새로운 화합New Harmony'이라는 공동체 운동에 영향을 미쳤으나, 비슷한 이유로 크게 발달하지 못했다. 독일에서는 1860년대 수정주의 입장을 취하던 라쌀레파가 협동조합운동을 시도했지만 이 역시도 진전을 이루지 못한 채, 노동조합운동으로 흡수되고 만다.[30]

29) 김삼수 (1995)
30) 김삼수 (1995)

참고문헌

- 김금수(2001), '김금수의 세계노동사', 노동사회 한국노동사회연구소
- 김삼수(1995), '노동자 경영참가의 역사적 기원과 전개: 서유럽의 경험을 중심으로', 세계의 노동자 경영참가: 참여의 산업민주주의를 위하여(조우현 엮음), 창작과 비평사
- 리오 휴버만(2000), 장상환 옮김, 자본주의 역사 바로알기, 책벌레 볼프강 아벤트로트(2001), 신금호 옮김, 1968년 이전의 유럽좌파, 책벌레
- 시드니 웹 · 베아트리체 웹(1920), 김금수 옮김, 영국노동조합운동사 상 · 하, 형성사
- 이진경(2004), 자본을 넘어선 자본, 그린비
- 위르겐 쿠진스키(1989), 박기주 옮김, 노동계급 등장의 역사, 푸른산
- 헨리 펠링(1987), 박홍규 옮김, 영국노동운동의 역사, 영남대학교 출판부
- 형성사 편집부(1984), 노동시간의 역사: 8시간 노동제의 실현, 형성사
- Hirschman, Albert(1970), Exit, Voice, and Loyalty.Cambridge, MA: Harvard University Press
- Smith, Adam(1776) Inquiry into the Nature of and Causes of the Wealth of Nations 4편 2장

■본문의 사진 중, 로커모션 호, 루이스 W. 하일 – 일하는 아이들 (비커 골드버그, 1999)은 각각 http://en.wikipedia.org/wiki/Locomotion_No._1과 『세상을 바꾼 사진』(페터 슈테판 엮음/이영아 옮김, 2006, 예담)에서 인용했다.

할 수 있는 한 모든 것을 흡수하라

독점자본주의의 발흥

록펠러

"그가 자신의 부富를 가지고 얼마나 많은 선행을 하든지 간에 그 부를 쌓으며 행한 악행을 보상할 수는 없다"

미국의 석유 왕이자 자선사업가로도 잘 알려진 록펠러에 대한 시어도어 루즈벨트 대통령의 평가다. 이 말 속에는 미국 독점자본의 성장 뒤에 감춰진 협잡과 매수의 역사가 고스란히 스며들어 있다.[1)]

독점자본주의는 록펠러와 고울드, 모건으로 설명하는 것이 보다 쉬울지 모른다. 클리블랜드 출신의 집사인 록펠러

1) 피터 콜리어 . 데이비드 호로위치 (1976)

는 매우 성실하고 검소한 사람이었으며, 돈벌이 또한 철저했다. 서먼 반독점법The Sherman Act이 기업합동을 금지하고 있었음에도 록펠러는 세계 최초로 현대적 의미의 기업합동을 달성했으니,2) 이것이 스탠더드 오일 Standard Oil 사로 지금의 엑손Exxon 사다.

당시 석유업계는 작은 회사들이 난립하던 상황. 1865년 록펠러는 석유정제회사인 클라크 앤드 앤드루스 상회의 전 사업을 인수한다. 그 후 석유운송업자들을 매수하여 경쟁사의 석유수송을 방해하고, 도산하면 이를 인수하는 식으로 자신의 기업을 키워 나갔다. 정치권에 검은 돈을 제공하고 경쟁업체를 협박하여 기술을 갈취하는 수법도 서슴지 않았다. 결국 석유 채굴, 정제, 판매 등 석유의 생산과 소비 전 영역을 장악했다. 1879년에는 30개사를 트러스트 형식으로 합병하고, 1881년에는 미국에서 생산되는 석유의 95%를 독점했다. 1911년 서먼 반독점법에 의해 해산되는 위기를 맞자, 록펠러 재단이라는 콘체른을 형성하여 외려 더 강력한 독점체로 변모하는 데 성공한다. 콘체른은 이를 구성하는 여러 사업들이 형식적으로는 독립성을 갖고 있지만, 최대자본가에게 금융적으로 종속돼 있는 기업집단을 말한다.

록펠러의 문제는 자신이 벌어들인 재산보다 스스로 불어

2) 리차드 보이드 . 하버트 모레이스 (2000)

나는 재산이 주체하지 못할 정도로 더 많았다는 점이다. 그가 사실상 은퇴한 1897년까지 그의 재산은 2억 달러였다. 그러나 1913년에는 그 돈이 10억 달러로 불어났다. 자동차 산업의 발달로 석유수요가 증가하면서 주가가 급등했기 때문이다. 1890년을 기점으로 왕성해진 그의 기부활동은 어쩌면 돈벼락에 깔려 죽지 않으려는 자구책에 가까웠다고 할 정도다.[3] 이외에도 철도산업 독점자본가인 제이 고울드, 금융독점자본가인 제이 피 모건 등은 우리에게 잘 알려진 독점자본가의 대명사다. 고울드는 1880년대 말 유니온 퍼시픽, 텍사스 퍼시픽 등 철도회사와 웨스턴 유니온 전선회사, 뉴욕월드 신문사를 거느린 거대 자본가였다.[4] 모건 역시 철도회사를 거느린 거대 자본가로 출발하여, 이후에는 금융자본가로 성장했다.

미국의 독점자본은 1898년과 1902년 사이에 기업합동 붐이 일면서 더욱 확산됐다. 1901년에 설립된 유에스 스틸 U. S. Steel 이나 제네랄 일렉트로닉스General Electronics 등은 이 시기에 형성된 대표적 독점자본들이다. 거대한 트러스트들은 노동자와 소비자에게 강력한 힘을 행사하면서 산업에 대한 지배력을 키워 나갔다.

독일에서도 미국과 비슷한 시기에 독점자본이 형성됐다.

---

3) 피터 콜리어 · 데이비드 호로위치 (1976)

4) 리차드 보이드 · 하버트 모레이스 (2000)

라인-베스트팔렌 석탄 신디케이트, AEG, 지멘스 등이 독일 독점자본의 대표적인 예다. 독일 산탄량의 45.5%를 점하고 있었던 라인-베스트팔렌 석탄 신디케이트는 시장지배력을 바탕으로 해외시장에서는 덤핑판매를 통해 가격우위를 점하고, 국내시장에서는 고가판매 방식으로 독점이윤을 축적했다. 영국은 면방공업을 중심으로 가장 먼저 거대기업을 탄생시켰으나, 독점자본 형성은 오히려 미국이나 독일보다 시기적으로 늦다. 20세기 초에 들어서야 비로소 독점자본이 형성되기 시작했다.

자본은 왜 독점화 됐는가?

나라마다 차이는 있지만, 자유방임적 경쟁자본주의는 1870년대를 전후해 독점자본주의로 변모해 갔다. 초기 독점자본은 개별기업의 자본 규모가 커지는 과정을 통해 자연스럽게 만들어졌으나, 이후에는 카르텔, 트러스트, 신디케이트, 콘체른 등 다양한 형태의 기업결합을 통해 더욱 빠르게 형성됐다.[5]

자본은 왜 독점화됐는가? 독점자본이 형성된 이유는 광활한 소비시장의 수요를 충족시키기 위해 생산능력의 증가가 필요했기 때문이다. 산업혁명을 일찍 시작한 영국 자본가들의 최대 관심은 세계에서 들어오는 주문을 얼마나 빨

5) 리오 휴버만 (2000:31)

리 소화시키는가 였다.[6] 이를 위해 한편으로는 새로운 기계를 도입하여 생산성을 높이고, 다른 한편으로는 기업 규모를 확장시켜 규모의 경제를 꾀했다. 이 과정에서 자연스럽게 공급능력이 큰 거대기업이 출현하게 됐고, 이들은 규모의 경제를 통해 비용을 절감하고 이윤을 높여나갔다.

남북전쟁(1861-65) 이후 자본주의가 본격적으로 발달하기 시작한 미국에서는 1870년대 공황을 거치면서 독점자본이 크게 성장했다. 남북전쟁은 노예해방 전쟁이기보다는, 노동력 부족을 타개하기 위해 남부지방의 노예를 임금노동자로 전환시키기 위한 전쟁이었다. 유럽으로부터 노동자들이 이주해 왔지만, 팽창하는 수요를 충족시키기에는 노동력이 턱없이 부족했다. 결국 남부지역의 봉건적 지주에 예속되어 있는 노예를 임금노동자로 만드는 것이 필요했다. 남북전쟁이 북군의 승리로 끝나면서 노동력 공급이 원활해졌다. 이후 철도가 증설되면서 상품을 실어 나르는 비용이 크게 줄었을 뿐만 아니라 그만큼 소비시장도 확대됐다. 소비시장 확대는 상품수요를 증가시켰고, 자본가들은 수요에 대응하기 위해 보다 효율적인 생산방식이 필요해졌다. 그 필요는 기계를 대량으로 도입할 수 있는 거대독점기업의 출현으로 충족될 수 있었다.

독점자본주의는 경쟁자본주의의 한계를 극복하기 위해

6) 리오 휴버만 (2000:298)

자본가가 스스로 만든 질서이기도 했다. 이는 1873년에 시작된 유럽공황을 계기로 독점자본이 성장했다는 사실을 살펴보면 알 수 있다. 자본주의 역사상 최초의 대규모 공황인 유럽공황은 오스트리아에서 시작돼 유럽을 거쳐 전 세계로 확산됐다. 그 처음은 농업공황에서 비롯됐다. 기계도입과 새로 개발된 농업기술은 생산성을 비약적으로 증가시켜 결국 수요를 초과하는 과잉공급을 초래했다. 과잉공급은 농산물 가격을 하락시켰고, 이로 인해 농업노동자들의 임금도 하락했다. 당시 절대다수를 차지했던 농업노동자들의 임금하락으로 구매력이 감소하자 공산품 소비도 급감했다. 이로 인해 농업공황은 공업공황으로 이어지면서 유럽경제는 20년 이상의 극심한 장기침체에 빠지고 만다.

공급과잉이 나타난 이유는 보다 많은 이윤을 확보하기 위한 기업들 간의 치열한 경쟁 때문이었다. 기업들은 새로운 기계를 들이는 데 열을 올렸고, 공급 능력이 높은 기업의 수도 크게 증가했다. 결국, 이들 간의 경쟁은 과잉생산을 불러와 가격하락으로 이어졌고, 기업은 더 이상 이윤을 창출할 수 없는 지경에 이르고 만다.

기업들은 서로를 공멸로 몰아넣는 경쟁을 회피하고, 더 높은 이윤을 안정적으로 획득할 수 있는 새로운 질서를 필요로 했다. 가격하락을 막기 위해 생산량을 조절하고 독점가격을 설정할 수 있는 독점기업이 그 해답으로 제시됐다.

나갔다. 1885년에는 저임금, 장시간 노동 등을 일삼는 모든 기업을 대상으로 대대적인 보이콧을 감행했다.[15] 자신들의 기관지와 공공장소에 노동착취를 일삼는 기업의 이름과 상품을 공개했다. 조합원 가족들은 집집마다 이를 주방에 붙여놓고 불매운동에 동참했다. 사용자들은 블랙리스트를 만들어 노동기사단 조합원을 해고하기도 했지만, 힘에 부처 결국 항복하고 만다.

독점자본가인 고울드에 대한 파업을 성공으로 이끌면서 노동기사단은 전성기를 맞는다. 고울드는 미국 독점기업의 대표격으로 마르크스는 그를 철도산업의 문어발 왕이자 금융사기꾼으로 불렀다.[16] 고울드는 저임금, 노동조합 활동 방해, 수갑계약Iron-Clad Oath으로 악명 높았다. 수갑계약은 비열고용계약Yellow Dog Contract으로 노동조합에 가입하지 않는다는 조건으로 고용하는 것을 말한다. 조합활동에 참여하는 노동자들은 해고됐고, 블랙리스트로 인해 다른 어떤 일자리도 가질 수 없었다. 1884년 고울드가 미주리, 텍사스, 와바시 철도 노동자의 임금을 15퍼센트 삭감하는 결정을 내리자 노동기사단은 임금삭감 철회를 요구하는 파업을 벌였다. 와바시 철도 노동자의 파업을 시작으로 고울드에 반대하는 파업이 전국적으로 번졌다. 4,500명이 참가한

15) Philip Foner (1980)
16) Philip Foner (1980)

이 파업을, 당시 뉴욕타임스는 '고울드의 저임금 시스템에 대한 폭동'으로 묘사했다. 파업이 일어나자 고울드는 파업파괴단Scrab을 고용하여 파업 노동자에 대해 테러를 감행했다. 그러나 거센 파업의 물결을 잠재우기엔 역부족이었다. 결국 1885년 고울드는 임금삭감을 철회하고 파업파괴단의 해체와 해고자 복직에 합의한다. 또한 앞으로 일어나는 노동분쟁은 탄압이 아닌 중재로 해결하겠다는 것도 약속한다.

노동기사단은 보통의 노동조합과는 성격이 달랐다. 1884년 총회에서 공동대표인 터너의 연설은 노동조합과 구분되는 노동기사단의 성격을 뚜렷이 보여준다.

노동기사단은 노동조합을 넘어서는 '혼합된 연합체'가

"우리는 급진적 변혁을 추구한다. 노동조합은 자본주의체제를 받아들이고 스스로를 순응시키려 노력할 뿐이다. 현존하는 자본주의 체제 전체를 우리는 단호히 거부한다."

필요함을 주장했다. 이 연합체는 미숙련 노동자를 포함하는 모든 노동자, 소상공인 등 사회 모든 세력이 참여한 조직을 말한다. 노동기사단이 노동조합에 대해 부정적 입장을 보인 이유는 당시 만연했던 직종별 노동조합의 배타성 때문이었다. 이들은 기계가 숙련노동을 대체하기 때문에 직종별 노동조합은 더 이상 효과적인 조직이 될 수 없으며

사라예보의 총성, 국가 독점자본주의의 발흥

1914년 6월 28일, 사라예보에 울린 두 발의 총성은 '혼돈의 시대'를 여는 시작이었다. 세르비아계 청년이 쏜 총탄은 오스트리아 페르디난트 황태자 부부를 쓰러뜨렸고, 뒤이어 자본주의 국가는 사상 최초의 세계전쟁을 일으킨다. 오스트리아가 세르비아에 전쟁을 선포하자 세르비아를 점령하고 있었던 러시아가 총 동원령을 내렸고, 뒤이어 독일과 프랑스가 참전하면서 제1차 세계전쟁이 발발했다.

그러나 제1차 세계전쟁이 오스트리아 황태자 시해라는 '우연'한 사건으로 시작됐다고 믿는 사람은 없다. 전쟁은 다름 아닌 독점자본주의 국가의 식민지 쟁탈전이었다. 독점자본은 더 많은 원료공급지, 더 넓은 상품시장, 더 값싼 노동력 등이 필요해졌고, 그만큼 식민지의 중요성도 커졌다. 19세기 말 영국을 비롯하여 유럽 열강들은 아프리카에 눈독을 들였다. 영국은 이집트 수에즈 운하를 시작으로 아프리카 남단 케이프타운을 연결하는 종단정책을 추진했고, 프랑스는 알제리에서 마다가스카르 섬을 잇는 횡단정책을 추진했다. 파쇼다 사건은 영국의 종단질주와 프랑스의 횡단질주의 충돌이 빚은 사건이었다. 영국은 수에즈 운하를 통해 인도를 장악했고, 프랑스는 인도차이나를, 네덜란드는 인도네시아를 점령했다. 자본주의 발달이 늦은 미국은 스페인과의 전쟁에서 승리하면서 필리핀을 챙겼고, 러시아와 일본은 영국, 프랑스와 함께 중국 식민통치를 놓고 경쟁했다.

1차 세계전쟁은 이러한 독점자본주의 국가들의 시장 확보를 위한 전쟁이었다. 그 중심에는 뒤늦게 식민지 쟁탈전에 참여한 독일이 있었다. 후발 자본주의 국가인 독일은 처음에는 식민지 쟁탈에 매우 소극적이었다. 식민지 확보로 인한 득보다 실이 더 크다고 보았기 때문이다. 비스마르크는 식민지는 원료공급이나 시장확보에는 도움이 될 수 있지만, 식민지 관리를 위해 군대를 주둔시켜야 하고, 경쟁국들의 경계심이 커지므로 관리비용이 더 크다고 봤다. 그러나 1870년 프랑스와의 전쟁에서 승리하면서 통일제국을 이루어내고, 동시에 철과 석탄의 보고寶庫인 알자스 · 로렌

지방을 획득하면서 강력한 패권국가로 변해갔다. 더구나 유럽공황은 독일로 하여금 식민지 쟁탈전에 적극적으로 나서도록 재촉했다. 불황은 소비시장을 축소시켰고, 이로 인해 상품시장으로서의 식민지가 더 긴요해졌기 때문이었다. 반면, 독일에 패배해 귀중한 영토를 빼앗긴 프랑스는 파리코뮌과 내전의 내홍을 겪으면서 더 큰 상처를 받게 된다. 프랑스 역사학자 까리에가 회고하는 것처럼, 알자스 · 로렌의 상실은 독일에 대한 복수심을 증폭시키는 결과를 초래했다.

비스마르크의 우려가 현실로 다가왔다. 결국 오스트리아-헝가리 제국과 러시아와의 전쟁은 프랑스-영국-러시아를 잇는 삼국협상과 독일, 오스트리아-헝가리, 이탈리아를 잇는 삼국동맹 간의 갈등으로 번지며 세계대전으로 이어졌다. 전쟁을 계기로 독점자본주의는 국가 독점자본주의로 변화되기 시작했다. 국가는 시장질서를 관리하는 관리자에서 식민지를 개척하는 시장 촉진자로 변모해 갔다. 노동의 저항을 막아주고 자본의 원활한 성장을 도와주는 것을 넘어, 자본주의 팽창을 위해서는 전쟁도 불사하는 제국주의 국가로 변모해 나갔다.

아닌 직장위원Shop Steward이 주도하는 파업이 빈발하기 시작했다. 1915년 8월에 발생한 영국 기계공 파업에는 만 명이 넘는 노동자가 참여했고, 파업기간도 2주가 넘었다. 대부분이 노동조합에 의해 주도되지 않은, 비공인파업Wildcat Strike이었다. 그러나 노동조합 지도부는 외려 노동자의 파업을 자제시키고 통제하려 했다. 정부와의 파업 금지 약속 때문이었다. 그러나 생활고에 시달리는 노동자들의 파업의 물결을 막기엔 역부족이었다.

당시 노동부 장관이었던 조지 벤즈는 파업의 원인을 잘 설명하고 있다.

> "희생이 불평등했다는 감정, 정부가 엄정한 공약을 휴지로 만들었다는 감정, 노동조합 임원을 신뢰할 수 없다는 감정, 노사관계의 미래가 암담할 만큼 불확실하다는 감정이 파업의 원인이다."[5)]

노동권이 부분적으로 신장됐다는 사실도 면밀히 따져보면, 노동조합에게는 득보다 실이 많았다. 정부의 포섭전략은 전쟁의 원활한 수행을 위한 '전략적' 협조였을 뿐이었고, 노동계급에 대한 통제는 여전히 남아 있었다. 게다가 노동권의 신장이 노동조합의 투쟁의 결실이기보다는, 정부의 필요에 의해 '주어졌다'는 점에서 그 기반도 튼튼하지

5) 고세훈 (1999)

않았다. 언제라도 정부가 약속을 철회한다면, 이를 강제할 수 있는 노동조합의 역량이 있었는가는 여전히 미지수로 남아 있었기 때문이다. 노동기본권을 실현하는 데 있어 가장 실질적인 권한인 파업권을 노동조합이 스스로 포기했다는 점도 노동운동의 발전에 장애로 작용했다. 결국, 노동조합 지도부와 조합원 사이에 불신은 커져만 갔다.

짧은 평화, 긴 파업

참혹했던 전쟁은 끝났지만, 노동자들의 삶은 전혀 나아지지 않았다. 미국만이 짧은 번영기를 누렸을 뿐, 전쟁터로 폐허가 된 유럽 국가는 승전국이건 패전국이건 모두가 최악을 면치 못했다. 전쟁이 끝나자 '성내평화'도 끝이 났다. 전쟁 중에도 그 평화는 온전하지 못했지만, 전쟁이 끝나고 난 후에는 경제난이 겹쳐 더욱 그러했다.

전쟁 참여국 중 노동자의 저항이 가장 심했던 나라는 영국이었다. 영국은 전쟁 직후 반짝 호황(1919-1920)을 누렸으나 곧이어 심각한 실업과 물가상승이 시작되면서 불황기로 접어들었고, 노동자의 불만은 더욱 급증했다. 급기야 철도와 광산 등 중요산업에서 노동자의 파업이 시작됐다.

1919년 9월에는 영국 상무부의 임금인하 정책에 맞서 철도 노동자들이 전국 파업을 단행했다. 물가인상으로 인한 생활고를 감당할 수 없었던 철도 노동자들의 생존권 투쟁이었다. 여론도 철도 노동자의 파업을 지지했고, 철도 노동자들은 승리했다. 이어 1920년에는 어니스트 베빈의 주도 하에 런던 부두 노동자들이 임금인상을 요구하며 파업을 벌였다.

1926년 초반에는 영국 노동운동 역사에 커다란 영향을 미친 광산 노동자의 파업이 발생했다. 영국의 석탄산업은 산업혁명과 해외무역을 주도했던 대표적 산업이기도 했다. 그러나 독일 등 산탄국가와의 경쟁이 치열해지면서 심각한 상황으로 내몰리기 시작했다. 민간 광산업자들은 임금을 삭감하고 노동시간을 늘리기 시작했다. 그럼에도 불구하고 정부의 보조금 없이는 광산을 운영할 수 없는 처지가 계속됐다. 광산 노동자들은 광산의 국유화와 임금인상, 노동시간 단축 등을 요구하며 파업에 돌입했다. 파업에 놀란 영국 정부는 파업을 무마하기 위해 존 생키를 위원장으로 하는 생키 위원회Sankey Commission를 조직했다. 생키 위원회는 광산 운영의 문제점을 조사한 후, 석탄산업을 국유화하고, 이를 관리하기 위한 국가 석탄산업심의회National Mining Council를 설치할 것을 정부에 권고했다.

그러나 정부는 생키 위원회의 국유화 제안을 거부했다.

죤 케네스 갬브레이스 대공황 1929년
검은 목요일, 군중들이 뉴욕 증권거래소로 몰려들고 있다. 이들이 10년 이상 장기공황을 예상하지는 못했을 것이다.

한 자신감 표출이기도 했다. 그러나 낙관을 표명한 지 불과 10개월 만인 1929년 10월 24일, 뉴욕 증권거래소는 붕괴하고 만다. '검은 목요일Black Thursday'이라 불리는 이 날, 뉴욕 시민들은 불안에 떨긴 했지만, 이것이 사상 초유의 세계 대공황The Depression으로 10년 이상 지속될 것이라고는 생각하지 못했다. 이들은 그 동안 경기의 오르내림을 경험했기 때문에 일시적인 현상일 것이라 생각했을지 모르고, 다른 한편으로는 경기가 회복되어 주가가 올라야 한다는 바람으로 현상을 지켜보았기 때문일지도 모른다. 실제로

콘트라티예프의 말처럼 자본주의는 주기적 파동을 경험하며 성장했다. 자본주의의 대강의 파동주기를 보면, 1850년부터 1870년까지의 호경기, 1873년부터 20년간 지속된 불황기, 그리고 1900년대 초의 호경기가 그 뒤를 이었다. 1914-18년간의 1차 대전이 끝나고 다시 1920년대 초부터 자본주의는 1929년 대공황이 오기까지 약 6~7년의 호황기를 맞이했다.

그러나 검은 목요일은 '검은 10년'으로 이어졌고, 1940년에 이르기까지 미국, 영국, 프랑스, 독일은 물론, 폴란드를 비롯한 동구지역과 일본 등 아시아의 자본주의 국가들까지도 장기불황에서 허우적댔다. 미국의 공업생산고는 1929년부터 1931년까지 30% 이상 감소했다. 미국의 전기회사인 웨스팅하우스의 매출액은 1929~1933년 동안 60% 이상 줄었고, 순수입은 2년 동안 76%나 감소했다.[10] 공장들이 도산하면서 노동자들은 일자리를 잃었다. 미국의 실업자는 공황 발발 당시 160만 명에 불과했으나, 3년 후인 1932년에는 1,400만 명으로 아홉 배나 증가했다. 특히, 실업구제를 위한 사회보험이 마련되지 않아 그 상황은 더욱 심각했다.[11] 실업자가 늘면서 구매력이 급감하여 경기는 더욱 위축돼 갔다.

10) 홉스봄 (1997:132)
11) 홉스봄 (1997:134)

경제공황이 가장 심했던 곳은 독일이었다. 1차 세계전쟁에서 패한 후 상처가 아물지도 않은 상태에서 공황을 맞았기 때문이다. 독일의 공업생산은 1913년에 비해 46.7%가 감소했고, 공황의 여파로 약 7만여 개의 기업이 도산했다. 드레스텐 은행과 다나르 은행을 비롯해 수많은 은행이 파산하면서 금융공황으로 이어졌다. 임금은 절반으로 하락했고 실업자도 500만 명에 이르는 등 최악의 상황에 내몰렸다.

피터 테민의 말처럼, 대공황은 미국의 '자극'이 미국만으로 끝나지 않고 전 유럽으로 '전파'된 세계공황이다. 대공황의 원인은, 70년이 지난 지금까지도 논의되고 있는 만큼, 어렵고 복잡하다. 우연의 역사일 뿐인가, 자본주의 체제에 내재된 불안정성 때문인가, 아니면 초기 불황을 관리할 수 있는 능력이 부족했기 때문인가 등을 둘러싸고 숱한 논쟁이 일어났다.

역사의 시계를 되돌려보면, 대공황의 근본 원인은 '과잉생산과 과소소비'의 불균형에 있다. 과잉생산이란 당시 고전경제학자들에겐 매우 낯설고 불가능한 현상이었다. '보이지 않는 손'이 시장을 조절하여 항상 균형을 맞추기 때문이다. 그러나 독점자본의 성장과 이를 뒷받침했던 기술발달은 생산의 과잉, 즉 물건을 살 수 있는 능력보다 더 많은 양을 생산하여 결국 팔릴 수 없는 과잉을 만들고 말았다. 반면, 낮은 임금으로 인해 대다수 노동자들은 생계조차 이어가지 못하는 '구매력 없는 소비자'에 불과했다. 공황이 발생한 후, 공장에 빵은 넘쳐나고 있었지만, 아이들은 굶주림으로 거리를 배회했다는 사실이 이를 잘 반증해준다.

과잉생산이 가능했던 나라는 당시로선 미국밖에 없었다. 제1차 세계대전의 전쟁터가 된 유럽은 패전국인 독일은 말할 것도 없고 승전국인 영국이나 프랑스마저도 그 피해가 막심했다. 그러나 전쟁 끄트머리에 참여한 미국은 군수품 수출로 막대한 부를 획득했고, 전쟁 후에는 최대 채권국으로 변모했다. 농업국가였던 미국이 세계 최대의 공업국가로 변모한 것도 이때다. 1920년대의 '쿨리지 번영기'에 미국은 전 세계 공업의 47%를 차지하면서 그간 영국이 누렸던 세계 최대 경제국의 지위를 갈아치웠다.[12]

그러나 20년대의 호황은 홉스 봄이 잘 지적하는 것처럼 고실업이 함께 존재하는 불안정한 체제였으며, 농업, 면방직, 석탄, 조선 등에서는 불황이 지속되는 등 성장과 지체가 병존하고 있었다. 특히, 미국은 1차 대전 이후 세계 제1의 농업국이 되었으나, 유럽 국가의 농업생산이 증가하기 시작하면서 과잉생산이 만연하게 되어 만성적 불황을 보이고 있었다.

미국의 20년대 호황은 공업부문에서의 과잉투자를 초래했다. 대량생산은 테일러의 과학적 관리기법과 포드의 컨

12) Philip Foner (1980)

베이어벨트 혁명으로 더욱 확산될 수 있었다. 자동차 산업은 20년대 번영을 이끌었던 중심 산업이었다. '모델 T' 자동차로 성공을 입증한 포드시스템이 확산되면서, 1922년부터 1929년 사이 자동차 생산량은 162만 대에서 533만 대로 늘었고, 자동차 산업에 고용된 노동자는 전체의 7.1%를 차지하게 됐다. 건설경기도 최고의 호황을 누렸다. 전쟁이 끝나자마자 그 동안 위축됐던 주택수요가 폭발적으로 증가했고, 1922년에는 주택건설투자가 56억 달러로 최고 정점에 달하기도 했다. 자동차 산업과 건설 산업의 성장은 연관된 산업의 동반발전을 가져왔다. 자동차 생산에 필요한 철강, 고무, 알루미늄, 기계, 화학제품의 생산이 늘어났고, 석유소비도 증가했다. 시멘트, 목재, 유리 등 건설 연관 산업의 발전도 눈에 띄게 나타났다.

대량생산방식의 확산은 독점자본의 성장을 더욱 부추겼다. 제2의 트러스트 운동이 일어났던 시기도 이때다. 1919년부터 1928년까지 10년 동안 기업합동으로 인해 6,000여 개의 기업이 소멸했고, 1926년부터 1929년까지의 3년은 기업합병의 해로 불릴 만큼 독점자본의 확장이 이루어졌다.[13] 그러나 독점자본의 탐욕적 성장은 위기를 자초하고 만다. 자동차, 건축, 그리고 다른 내구재 생산이 미국경제의 소비능력을 넘어섰기 때문이다. 유휴설비가 증가하기

13) Philip Foner (1980)

시작했고, 기업들의 주식투자는 금융위기를 불러올 만큼 과도했다. 반면 임금상승률은 매우 낮아 소비수요는 점점 위축되고 있었다. 게다가 전후 복구과정을 통해 부의 양극화가 진행됐다. 1929년에는 상위 0.1%의 소득이 하위 42%와 같았고, 상위 0.1%가 미국 저축의 34%를 차지하고 있었다. 하위 80%는 아예 저축도 하지 못하는 상황이었다. 부의 양극화가 심해지자, 기업은 한편으로는 할부판매나 신용판매를 늘렸고, 다른 한편으로는 주식투자와 부유층에 사치품을 파는 데 골몰했다.

1920년대 후반에 이르자 건설경기가 하락했고, 뒤이어 자동차와 내구재 소비시장도 얼어붙기 시작했다. 할부금융에 의존한 구매력이 한계에 달했기 때문이다. 뉴욕 주식시장에서의 주가는 실물경제와 상관없이 달아오르고 있었다. 주식시장을 지탱했던 자금은 은행대출이나 중개인 융자였다. 실제로 1929년 당시 증권사에 대한 은행대출은 뉴욕시만 하더라도 85억 달러에 달했고 이는 1923년 17억 달러보다 4배 이상이 되는 자금 규모였다. 계속 오르던 주가는 1929년 9월에는 폭등세를 보이면서 과열되기 시작했다.[14)]

미국 정부는 주식시장으로 투기적 자금이 몰리는 상황을 억제하기 위해 긴축금융을 단행했다. 1929년 9월 미국 연방준비제도 이사회가 금리를 6%로 인상하자 뉴욕의 이자

14) 최상목 (2006)

율이 런던의 이자율보다 높아졌다. 단기 투기성자금은 런던에서 뉴욕으로 몰렸고, 영국 파운드화가 폭락했다. 영국 중앙은행인 잉글랜드 은행은 파운드화 위기를 막기 위해 이자율을 다시 올렸고, 단기 투기자금은 다시 뉴욕을 떠나 런던으로 향했다. 미국 은행은 신규대출을 제한하고 기존의 대출도 회수하기 시작했다. 곧이어 주가가 하락해 10월 24일 검은 목요일에는 주가가 폭락하고 만다. 5일 후 주가는 다시 대 폭락을 거듭했다. 불과 30분 만에 350만 주가 팔려나갔고, 주식가격은 하루 만에 43%나 곤두박질쳤다. 은행에서 돈을 빌려 주식에 투자한 사람들은 줄줄이 파산했고, 은행은 대출한 돈을 회수하지 못해 부도가 났다. 은행을 믿을 수 없게 된 사람들은 예금을 인출하기 시작했고, 23,659개 은행 중 5천 개 이상이 인출파동을 감당하지 못한 채 도산하고 말았다. 250만 명은 실업자로 거리에 내몰리고 말았다. 역설적인 사실은 공장과 상점에는 물건이 산더미처럼 쌓여 있었다는 것이다. 소비자를 찾지 못한 상품들은 창고에 묶여 있었고, 살 수 있는 사람은 아무도 없었다. 재고가 쌓이자 기업은 생산량을 줄였고 그만큼 실업자는 더욱 증가했다. 이 역설은 과잉생산의 또 다른 모습이었다.

미국의 자극은 빠르게 유럽으로 전파됐다. 유럽의 상황은 전쟁이 끝난 20년대에도 미국과 같은 호황을 경험하지 못했다. 예를 들면, 서유럽 대부분의 실업률은 매우 높은 편이어서, 영국, 독일, 스웨덴의 평균 실업률이 10~12%였고, 덴마크와 노르웨이는 17~18%에 달했다. 미국만이 약 4%의 실업률을 보이면서 잠깐의 황금기를 경험했을 뿐이다.[15] 생산은 절반 이하로 떨어졌고 세계적으로 실업자의 수는 거의 5천만 명에 육박했다.

유럽 국가 중 경제난이 가장 극심했던 곳은 독일이었다. 전쟁 패배로 인한 배상부담은 차치하고라도, 화폐가치 하락과 초인플레이션Hyperinflation으로 국내 사정은 매우 심각했다. 1차 세계전쟁 직전에는 1달러에 4.2마르크이던 화폐가치가 1922년 7월에는 300마르크로, 연말에 이르면서 8,000마르크로 폭등했다.[16]

1923년에는 물가가 7,500배로 뛰었고, 2개월 뒤에는 24만 배, 다시 3개월 뒤에는 75억 배로 뛰었다. 미국 달러화에 대한 환율은 달러당 4조 2천 마르크가 됐다. 빵 1킬로그램의 가격이 4,280억 마르크에 달했고, 하루에 매시간마다 물가가 올랐기 때문에 노동자들은 일당을 세 차례에 나누어 지급받을 정도였다. 지폐를 도배지로 사용할 정도였다고 하니 물가상승의 정도를 가늠해 볼 수 있다. 이 상황에서 미국 발 공황은 불난 독일에 기름 붓는 격이었다. 미국은 경기가 침체하자 유럽국가에 제공했던 투자와 신용공

15) 홉스봄 (1997)
16) 최상목 (2006)

여를 줄였고, 이는 직접적으로 유럽 모든 국가의 불황으로 이어졌다. 독일에 자본을 공여하고 있었던 미국은 이를 중지하거나 거둬들이기 시작했고, 이로 인해 많은 독일 은행들은 파산할 수밖에 없었다.

미국 발 공황은 1929년부터 1933년까지의 심각한 불황을 지나고도 경기상승을 만들지 못한 채, 세계를 장기불황의 늪으로 밀어 넣었다. 고전경제학자들이 믿었던 자동적 균형은 더 이상 나타나지 않았다. 공황을 타개하기 위해 자본주의 국가들은 새로운 질서를 모색하기 시작했다. 미국은 수요부족으로 일어난 공황을 치유하기 위해 케인즈의 총수요 관리정책에 기초한 뉴딜New Deal을 실시했고, 영국과 프랑스는 관세장벽을 무기로 블록경제를 만들었다.

그러나 경제난이 가장 심각했던 독일과 일본은 극단적인 전쟁을 선택하고 말았다. 파시즘이 발흥하면서 세계는 전쟁을 경험한 지 13년 만에 다시 전쟁의 소용돌이에 휘말리게 된다. 일본은 1931년 만주사변을 일으켜 중국을 침략했고, 이탈리아의 무솔리니는 1935년 에티오피아를 침공했다. 독일은 1933년 군비축소회담을 깨고 군비증강을 공식 선언한 후, 1938년에는 오스트리아를 합병했고, 다음해에는 폴란드를 침공한다. 1940년, 프랑스의 마지노Maginot 요새가 함락되고 파리는 독일군에 의해 점령된다. 1939년 진주만 폭격을 계기로 미국이 참전하면서 또다시 세계전쟁으

진주만 폭격

로 확산됐다. 아직도 진주만 폭격은 루즈벨트의 음모라 불릴 만큼 의혹이 남아 있다.[17] 음모론의 핵심은 미국이 참전을 위한 명분을 쌓기 위해 일본의 기습을 방관했다는 것이다. 당시 미국에서의 공황 여파는 뉴딜로도 해결되지 않은 채 남아 있었다. 전쟁은 공황을 가장 효율적으로 타개할 수 있는 방안이었다. 전쟁특수 때문이다. 그러나 국내의 반전 분위기로 인해 유럽이나 아시아의 전쟁에 참여할 수 있는 명분이 없었다. 미국 정부는 첩보를 통해 일본의 기습을 이미 알고 있었지만, 전쟁에 참여할 수 있는 기회를 만들기 위해 모른 척했다는 의심을 샀던 것이다. 그러나 확인될 수 없는 이 사실은 지금도 '믿거나 말거나' 이다.

17) 이성주 (2006)

명확히 보장받는 게 보다 나았다. 실제로 새 법이 도입되면서 노동조합은 임금이나 노동시간과 같은 경제적 요구에 대해서만 단체교섭권을 행사할 수 있게 됐고, 인사人事나 경영상의 문제는 모두 사용자의 경영전권Managerial Prerogatives으로 인정됐다.

미국 정부의 뉴딜 노동정책은 성장하는 노동조합운동을 체재 내로 끌어들임과 동시에, 자본주의의 불안정성을 노동조합이라는 조절장치로 보완하려는 목적이었다. 노동자에게는 임금결정에 참여할 수 있는 권한을 주어 사회주의에 대한 요구도 해소하는, 일종의 다목적 포석인 셈이었다.

참고문헌

- 고세훈 (1999), 영국노동당사: 한 노동운동의 정치화이야기, 나남
- 大崎 平八郎 · 久保田順 (1985), 세계경제론, 백산서당
- 에릭 홉스봄 (1997), 이용우 옮김, 극단의 시대: 20세기 역사 (상 · 하), 까치
- 이성주 (2006), 영화로 보는 20세기 전쟁, 가람기획
- 장석준 · 김덕련 (2001), 세계를 바꾸는 파업, 이후
- 찰스 P. 킨들버거 (1973), 박명섭 옮김, 대공황의 세계, 도서출판 부키
- 최상목 (2006), 경제와 역사, 그들의 동반 여행기, 프로네시스

■본문의 사진 중, 존 케네스 갬브레이스-대공황과 1929년과 진주만 폭격은 세상을 바꾼 사진 (페터 슈테판 엮음/이영아 옮김, 2006, 예담)에서 인용했다.

제4장 타협의 시대 (1950 ~ 1960)

파괴로 찾아온 기회, 골든 에이지

대공황, 그리고 이어 발발한 세계전쟁은 인류에게는 커다란 비극이었지만, 자본에게는 또 하나의 새로운 기회였다. 전쟁으로 파괴된 유럽을 재건하기 위한 미국의 발 빠른 행보가 시작됐다. 1947년 미국 국무장관인 알프레드 마셜은 130억 달러 (물가상승을 감안하면 지금 돈으로 약 1천억 달러)의 원조계획을 입안하여 트루먼 대통령과 의회로부터 승인을 얻는다. 이 계획이 '마셜 플랜'이다. 마셜 플랜에 따라 유럽경제협력기구OEEC-지금의 경제협력개발기구OECD의 전신-가 설립됐고, 1951년까지 16개 유럽 국가에게 재정과 기술이 원조됐다. 마셜 플랜은 당시 소비에트 연방의 유럽에 대한 영향력을 견제하고 미국 중심의 세계 경

의 영국의 노동조합 조직률이 30% 정도였음을 감안하면 단체협약의 영향력이 매우 확대되고 있음을 알 수 있다.

단체교섭의 범위도 점차 확대됐다. 초기 단체교섭은 임금이나 근로시간 등 근로조건에 국한됐으나, 50년대에 들어서면서 고용이나 해고절차, 직업훈련 등 교섭의 범위가 차츰 늘어났다. 이탈리아의 일부 단체협약은 새로운 생산기술을 도입하거나 작업조직을 변경할 때에는 사전에 노동조합에 정보를 제공할 것을 포함시키기도 했다. 교섭주의가 확산되면서 단체교섭이 노동조합활동에서 차지하는 비중이 증가했고, 상대적으로 정치활동이나 경영참여 요구는 줄어들었다. 교섭주의 노사관계는 이 점에서 노사관계의 탈정치화를 가져오기도 했다.

교섭주의 노사관계가 발전할 수 있었던 중요한 원인은 자본주의 황금기가 지속됐기 때문이다. 실제로 교섭주의는 1930년대 공황기에 씨앗이 뿌려졌으나 전쟁으로 인해 활성화되지 못하다가 전후 번영의 시기를 맞이하면서 활성화된다. 이는 무엇보다 교섭주의 노사관계가 발달하기 위해서는 교섭의 대상인 잉여가 풍부해야 하기 때문이다. 분배를 위한 잉여가 풍부하게 지속적으로 창출될 때에만 교섭주의 노사관계는 가능해진다. 1950년대 자본주의는 역사상 유례없는 호황기를 맞았다. 분배를 위한 잉여가 지속적으로 창출됨으로써 노동조합은 단체교섭을 통해 노동의 분배 몫을 늘릴 수 있었다. 실제로 이 시기에 미국의 노동조합이 상승시킨 임금-노동조합 임금효과-은 15%에서 30%에 이른다.[11] 이는 회귀분석이라는 통계적 방법을 통해 임금에 영향을 미치는 다른 변수의 영향력을 모두 제거하고 순수히 노동조합이 향상시킨 임금수준을 의미한다. 임금과 복지수준의 향상을 이끌어낸 노동조합은 명실상부하게 노동자의 경제적 이익대표로서 신뢰받는 조직으로 성장하기 시작했다. 포드주의의 특성을 감안할 때, 임금은 소비시장에서의 구매력을 유지하는 중요한 원천이었기 때문에 사용자로서도 교섭을 통한 임금상승이 비용만은 아니었다. 높은 임금은 상품을 구매력이 높은 시장의 확장을 의미하기 때문이다. 여기에 더해 교섭만 잘 진행되면 작업장에 평화가 유지될 수 있었고 노동조합으로부터 경영권을 간섭 받지 않을 수 있었다. 교섭주의 노사관계는 이러한 노사의 암묵적 타협 하에 더욱 확산되기에 이른다.

포드주의의 대량고용은 교섭주의 노사관계의 기반을 확고히 했다. 교섭주의 노사관계는 노동조합이 사용자에 대하여 대등한 교섭력을 확보할 때 가능하다. 교섭력은 노동조합에 가입한 노동자의 수가 많을수록 커진다. 포드주의적 대량생산체제는 대량고용을 가능케 함으로써 노동조합에게는 조직적 자원을 제공했다. 실제로 1960년대 서유럽

11) Lewis (1986)

국가들의 평균 실업률은 1.5%로 완전고용-자연실업률을 뺀 고용 - 에 가까웠다. 고용의 증가로 조합원의 수가 증가하면서 노동조합은 보다 안정적이고 강력한 힘을 갖게 됐다. 공공부문의 성장도 중요한 몫을 담당했다. 케인즈주의 사회국가가 시장의 실패를 보정하기 위해 만든 공공부문은 노동조합에겐 조직을 확대시킬 수 있는 새로운 '조직시장' 이기도 했다. 지금도 각국의 노동조합 중 최대 규모를 자랑하는 공공부문 노동조합은 시장으로부터 어느 정도 자유롭기 때문에 고용이 안정적이며, 임금인상에 대한 시장적 제한이 없다. 공공부문 노동조합은 당시의 노동조합운동의 교섭력을 높이는 데 크게 기여했다.

교섭주의 노사관계가 정착되면서 노동조합은 전투적 조합주의를 발전시켰다. 전투적 조합주의는 노사협조주의를 거부한다. 사용자와의 협력보다는 노동조합의 교섭력에 기반하여 사용자에 대한 교섭과 투쟁- 또 다른 형태의 교섭 -을 통해 노동분배 몫을 늘려 나가는 전략을 취한다. 자본주의 황금기가 계속됐기 때문에 전투적 조합주의는 매우 효율적인 분배교섭Distributive Bargaining 전략이기도 했다. 그러나 간과하지 말아야 할 것은 전투적 조합주의가 자본주의 자체를 거부하는 혁명적 조합주의는 아니라는 점이다. 전투적 조합주의는 작업장에서의 분배교섭을 위한 전략일 뿐이며, 사회나 경제의 근원적 변혁을 지향하는 이념적 '주의'는 아니다. 따라서 전투성은 노사 간 '합의된 울타리 내에서의 과격성'일 뿐이다. 전투적 조합주의는 때로는 장기간의 파업을 초래하기도 했다. 그러나 파업은 분배몫을 키우기 위한 쟁의전략으로 '교섭의 한 형태'일 뿐이며, '교섭 밖의 어떤 것'도 변화시키고자 하지 않는다. 이 점에서 볼 때, 전투적 조합주의는 교섭주의 노사관계의 하위전략일 뿐이며, 가장 '평화적'인 노동조합주의의 다른 이름일 뿐이었다.

교섭주의 노사관계의 함정

교섭주의 노사관계가 발전하면서, 노동자들은 높은 임금과 안정된 고용을 향유할 수 있었다. 전후 장기 호황이 계속되면서 실질임금은 지속적으로 상승했고 소비수준도 전례 없이 높아졌다. 어쩌면 공황과 두 차례의 세계전쟁에 협력한 대가를 뒤늦게 보상받는 듯해 보였다. 노동자는 더 이상 자본에 의해 착취되는 계급이 아닌 것처럼 보였고, 지식인들은 서둘러 '이데올로기의 종언'을 선언했다.

그러나 교섭주의 노사관계는 커다란 함정을 잉태하고 있었다. 교섭주의 노사관계는 노동조합이 개입할 수 있는 범위를 제약했다. 노동조합은 단체교섭을 통해 이윤 분배에 참여할 수 있었지만, 이윤을 창출하는 경영과정에서는 철저히 배제됐다. 생산을 위한 기획과 전략, 물적자원과 인적자원 배분 등은 사용자의 경영권Managerial Prerogatives으로 노동조합이 침해할 수 없는 영역이 됐다. 경영의 과실을 분배 받을 권리는 확보했지만, 경영과정에의 적극적인 참여는 스스로 포기한 셈이었다. 이로 인해 교섭주의 노사관계는 형식적으로는 타협의 관계였지만, 타협의 이면에는 상호배타성이 전제돼 있었다. 미국 노동조합은 이를 매우 적극적으로 받아들였다. 경제적 조합주의Business Unionism 전통이 강한 미국 노동조합은 노동자의 경영참여에 매우 부정적이었다. 경영에 대한 책임은 사용자가 지는 것이며 노동조합은 여기에 책임을 부담할 이유가 없다고 판단했기 때문이다.

독일처럼 노동자의 경영참여가 발달한 나라에서도 교섭주의 노사관계가 주된 경향이긴 마찬가지였다. 일찍이 독일은 몬탄산업-국가기간산업인 석탄과 철강 산업-에 대한 공동결정제도를 법제화(1951년)했다. 공동결정제도를 이해하기 위해서는 독일의 이중 이사회제도를 이해하는 것이 필요하다. 독일 기업은 서로 다른 두 개의 이사회를 갖고 있다. 관리이사회는 경영전반을 집행하는 기능을 수행하고, 감독이사회는 이를 감독한다. 공동결정제도는 감독이사회에 노동자 대표가 참여토록 하여 경영전반을 감시토록 하는 노동자 경영참여제도다. 당시 독일노동조합총연맹

DGB과 사회민주당은 몬탄산업 국유화를 추진했다. 그러나 사용자 연합Arbertgebervereinigung은 경영권 침해를 이유로 반대하면서, 이를 절충하기 위한 제도로 공동결정제도가 만들어졌다. 그러나 공동결정제도 역시 노동자 대표가 감독이사회에만 참여할 수 있도록 함으로써 사후적 견제기능을 수행케 했을 뿐 적극적으로 기업경영에의 참여를 보장한 것은 아니다. 공동결정제도는 자본주의 황금기가 끝난 1971년에 와서야 다른 산업으로 확대된 만큼, 타협의 시대의 노사관계를 특징짓는 일반적 경향은 아니었다. 당시 독일 노동계는 경영참여보다는 교섭에 더욱 무게 중심을 두고 있었다. 이로 인해 경영참여에 대한 회의적 시각도 많이 존재했다. "적대적으로 교섭하면서 어떻게 경영에 참여할 수 있는가?"라는 반문이 노동조합 활동가들에 의해 계속 제기됐던 것도 바로 이런 이유에서다. 따라서 노동자의 경영참여가 가장 발달했던 독일에서도 타협의 시대 동안은 교섭주의 노사관계가 보다 보편적으로 발달했다고 볼 수 있다.

교섭주의 노사관계의 또 하나의 한계는 노동자의 분화와 양극화였다. 노동분배 몫은 잉여의 크기에 따라 달라진다. 이윤이 많이 발생하는 부문에 종사하는 노동자는 다른 노동자에 비해 더 많은 양을 분배 받는다. 결국 대기업 노동자와 주변부문에 종사하는 노동자 간 양극화가 발생하게 된다. 노동대중의 양극화는 노동조합운동의 지지기반을 분열시켜 교섭력의 약화를 가져올 수 있을 뿐만 아니라 대기업 노동조합은 이기적 집단으로 매도될 수도 있다.

교섭주의 노사관계는 경제상황에 의존하기 때문에 불안정한 체제이기도 하다. 분배를 위한 경제적 잉여가 줄어들면 노동조합은 새로운 활로를 모색하기가 힘들어진다. 노동조합이 보장할 수 있는 물질적 혜택이 조합원들의 지지의 가장 큰 원천이기 때문에 물질적 혜택을 기대할 수 없는 상황이 발생하면 조합원들은 지지를 철회할 가능성이 높아진다. 임금동결이나 삭감에 대해 전투성을 발휘하여 저항할 수 있으나, 경제 전체의 위기로 인해 잉여를 더 이상 창출하는 것이 불가능해진다면 개별 조합원은 노동조합을 포기할 수도 있다. 노동계급으로서의 노동자가 아니라 회사에 고용된 종업원으로서 역할하게 되므로 노동조합을 이탈해 회사의 종업원으로 복귀할 수도 있다.

결국, 교섭주의 노사관계가 정착되면서 노사관계는 잉여분배만을 위한 제도로 자본주의 경제체제에 더욱 종속됐고, 노동조합은 '하나의 이익집단'으로 전락하기 시작했다. 자본주의 경제체제의 하위체제로 노사관계가 정착되면 노동조합은 하나의 압력단체 이상의 의미를 갖기 힘들어진다. 스텀달은 "노동조합은 단지 압력단체의 역할만을 수행할 뿐, 건설적인 사회주의 프로그램을 제시하지 못한 채 헤

매고 있다" 면서, 당시의 유럽 노동운동의 비극을 압력단체로 전락한 노동조합에서 찾고 있다.[12] 브레이버맨의 분석도 같은 맥락이다.

"20세기의 과학기술 및 노동생산성의 놀라운 발전과 노동계급의 일상적인 소비수준의 상당한 발전은 전체 노동운동에도 지대한 영향을 미쳤다. 자본주의적 생산의 규모와 복잡성에 의해 위협을 받은 데다가, 급격한 생산성 제고로부터 주어지는 과실로 말미암아 본래의 혁명의지가 약화되어버린 노동계급은 자본가의 손으로부터 생산의 통제권을 빼앗으려는 의지와 희망을 점차 상실한 채 생산물에서의 노동의 몫에 대한 협상으로 더욱 기울어져 갔다. 이러한 노동운동이 마르크스주의의 직접적인 환경이 되면서 마르크스주의자들도 정도의 차이는 있으나 그것에 순응하게 되었다."[13]

12) 스터름달 (1983)

13) 브레이버맨)1974:17)

5
관료주의 덫에 빠진 노동조합

유례없는 호황이 지속되고 포드주의가 정착되면서, 노勞와 사使는 포괄적 경영권과 이익균점권의 상호교환에 합의하고 교섭주의 노사관계를 정착시켜 나갔다. 앞서 살펴본 바와 같이 교섭주의 노사관계는 노사 모두에게 물질적 이득을 보장했다. 노동조합에게는 생산성 향상에 따른 고임금과 복지를 보장했고, 사용자는 시장 확대를 이윤으로 전환시키는 기회를 안정적으로 확보할 수 있었다. 뿐만 아니라, 사용자는 단체교섭의 제도화를 통해 조직노동을 자본주의 생산체제 내에 편입시킴으로써 자본주의체제를 더욱 공고히 할 수 있었다.

그러나 노동진영은 교섭주의 이면에 존재하고 있는 함

정, 즉 관료주의와 보수화의 함정을 극복하지 못한 채 퇴보의 길로 접어들고 만다. 관료주의는 비단 정부나 대기업만의 병폐는 아니다. 계층화된 의사결정구조는 안정적 조직운용을 꾀할 수는 있으나, 의사결정의 속도를 늦출 뿐만 아니라 조직구성원의 창의성도 억제했다. 무엇보다도 조직의 상층과 하층의 소통이 단절되면서 비효율과 불합리를 낳았다. 대량고용으로 노동조합의 규모가 비대해지면서 대규모 노동조합은 관료주의의 덫에 빠져들고 만다. 노동조합의 관료주의는 정부나 기업의 관료주의에 비해 더 큰 병폐를 낳는다. 노동자의 자주적 단결체인 노동조합은 조합원의 의사와 요구에 의해 조직되고 운용되어야 한다. '민주성의 원칙'은 노동조합을 가장 노동조합답게 만드는 근본 요소이기도 하다. 그러나 조직이 비대해지면서 노동조합 내부의 기구는 다양해졌지만 민주적 운영체계는 발전하지 못했다. 조합원의 의사를 의사결정 과정에 반영할 수 있는 내적 장치를 마련하지 못했고, 조합원의 요구는 무시되기 일쑤였다. 미국의 최대 노조인 팀스터의 경우, 단체협약에 정한 고충처리를 요구하는 노동자를 노동조합 간부가 '작업장 평화'라는 미명 하에 구타하기도 했고, 노동조합 민주화에 대한 요구는 묵살되는 것이 다반사였다.[14]

노동조합의 비민주성은 무엇보다도 교섭주의 노사관계

14) La Botz (1990)

에 기인했다. 노동조합은 교섭을 통한 타협에 안주하면서 작업장 내의 산업평화를 지키기 위해 조합원들의 요구를 억제하기 시작했다. 조합원의 의사에 기초해 조직된 자주적 단체가 조합원의 요구를 묵살하는 모순이 발생했다. 파업은 구시대의 유물로 치부되기 십상이었고 노동조합은 파업을 통제하는 관리기구로 전락하는 아이러니가 속출했다. 이로 인해 노동조합에 의해 주도되지 않은 파업, 즉 비공인 파업Wildcat strike이 증가했다. 1972년 제너럴 모터스GM 사의 오하이오 주 로즈타운Lordstown 공장 노동자들은 전미자동차 노동조합UAW의 파업불가방침에도 불구하고 노동조합과 사용자의 담합관계 청산을 요구하며 22일간의 파업을 일으키기도 했다.[15] 노사간 분쟁이 생길 경우에는 파업보다는 고충처리절차grievance procedure나 제3자의 중재로 해결토록 하는 평화조항이 보편화된 것도 이 때다. 1970년 미국의 '보이스 마켓-리테일 클럭스' 판례는 평화조항을 위반한 파업에 대해서는 연방법원이 직접 파업중지를 명령할 수 있다고 명시했다.[16] 이외에도 노동조합은 설사 파업기간 중이라 해도 사용자의 시설이나 재산을 보호해야 하는 등 조합원 활동에 대한 통제의무를 성실히 수행해야 했다. 결국 교섭주의는 교섭에 매몰된 나머지 교섭을 무의미

15) 코헨-로젠샬 · 버튼 (1993)
16) Sloane & Witney (1993)

하게 하는 모순에 빠지게 했다. 노동조합은 교섭의 실효성을 보장하는 쟁의행위를 포기한 채, 사용자와의 약속으로 인해 조합원들의 요구를 통제하는 기구로 전락하고 만다.

관료주의의 또 다른 병폐는 부패로부터 자유롭지 못하다는 점이다. 관료화된 조직은 조직운영의 투명성을 보장하지 못한다. 설사 조직 내부에 투명성을 보장하기 위한 기구를 둔다 해도 투명성 기구 자체가 관료화되기 십상이다. 자율적 통제기제의 부재는 노동조합을 부패의 함정에 빠뜨리고 말았다. 1957년 맥클랜 위원회McClellan Committee는 대부분의 노동조합 간부들이 노동조합 기금을 횡령하거나 착복하고 있다는 사실을 발견했다. 맥클랜 위원회는 미의회 상원에 설치된 '노동조합 재무활동 감사위원회'로 아칸소주 상원의원인 존 맥클랜John McClellan이 주도했으며, 50년대 말 노동조합의 재정활동에 대해 대대적인 감사활동을 벌였다. 노동조합 간부의 노동조합 기금 횡령과 착복 등 비리사실이 밝혀지기 시작하면서 노동조합에 대한 비난여론이 들끓기 시작했다. 1959년, 결국 랜드그리핀법LMRDA이 개정되기에 이르고, 노동조합 활동에 대한 제제가 가해졌다. 노동조합은 해마다 전년도의 재정상태 및 운용상황을 노동부에 보고해야 했고, 노동조합 기금의 운영도 제한되기 시작했다. 2,000달러를 넘는 대출은 금지됨에 따라 노동조합의 복지기능이 위축됐고, 노동조합 기금을 횡령하는 경우에는 10,000불 이하의 벌금 또는 5년 이하의 징역에 처하도록 했다. 지금도 미국의 노동조합은 조합비 횡령사건으로 몸살을 앓고 있다. 1993년부터 1995년간 2년 사이에만 98개 노동조합의 104명의 간부가 횡령혐의로 입건되기도 했다.[17]

17) Bowker (1998)

노동의 소외

새로운 불만족의 다른 이름

"난 단지 죽어가는 한 종족일 뿐입니다. 노동자지요. 단순히 육체노동만을 하지요. 들었다 내렸다를 반복할 뿐입니다. 동료들과 함께 하루에 4만에서 5만 톤 정도의 선철을 취급합니다. 믿을 수 없겠지만 사실이에요. 거의 죽음이지요. 일에 대한 어떤 자긍심도 없어요. 집을 지은 사람들은 '저기 보이는 빌딩이 내가 지은 것이고, 몇 개의 통나무가 들어갔고……' 라고 말하면서 자신이 짓는 빌딩을 자랑스럽게 생각할 거예요. 그러나 저에겐 그런 '자랑스럽다' 는 생각이 들지 않아요. 난 단지 내가 하는 일의 한 부분일 뿐이니까. (중략) 난 그저 일을 하고 있어요. 내가 하는 일의 목적이 무엇인지도 알지 못한 채로 말이지요. 정말 무엇이 어디에서 와서 어디로 가는지도 알지 못합니다. 그저 일을 할 뿐이지요. 그렇기에 다른 사람들도 내가 하는 일을 인정해주지 않을 겁니다. 하루 종일 일을 합니다. 그리고 집에 돌아옵니다. 잠을 자고 다시 일을 하러 갑니다."[18]

18) Terkel (1994)

시카고 근교에서 선반공으로 일하는 37세의 마이크 레페브르Mike Lefevre와의 인터뷰 중 일부이다. 스터즈 터켈은 이 인터뷰를 통해 1990년대의 한 선반공의 소외문제를 생생히 전하고 있다. 마이크는 하루 종일 내렸다 올렸다 하는 단순한 작업을 반복한다. 내리고 올리는 자신의 작업이 무엇을 위한 것인지 알지 못한 채, 그는 동료들과 하루에 4-5만 톤의 선철을 취급한다. 집을 짓는 사람은 나중에 완성될 자신의 집을 상상하면서, 지금의 통나무는 이 멋스러운 집의 기둥이 될 것임을 알고 있다. 그러나 마이크는 선반작업이 전체과정에서 어떠한 의미를 갖는지 알지 못한다. 작업지시에 따라 그렇게 할 뿐이며, 그렇기에 작업에 대한 자긍심이 생길 리 만무하다. 그리고 스스로 '죽어가는 한 종족' 이라고 생각한다. 마이크의 사례는 작업장 소외의 한 단면을 그대로 드러내고 있다.

리처트 슈미트가 잘 지적한 것처럼 '소외' 라는 언어는 일상적이지 않다. 그러나 조금만 돌아보면 우리는 '소외' 라는 거대한 장벽에 휩싸여 있다는 것을 알게 된다. 마르크스가 이미 150여 년 전 '문제' 로 제기했던 소외는 지금도 우리에게 매우 심각한 '문제' 로 남아 있다. 소외란 불만족의 다른 이름이다. 만족은 나와 내가 하는 무엇을 분리시키지 않는다. 가끔씩 부딪히는 질문, "나는 일을 위해 사는가,

살기 위해 일하나?" 많은 해석이 있을 수 있지만, 정답은 "둘 다 맞다"이어야 한다. 일과 나의 삶이 일치될 경우, 우리는 일을 위해서 산다. 일은 나에게 의미를 부여하고 삶의 가장 큰 만족스러운 부분을 차지하기 때문이다. 동시에 살기 위해서 일하는 것이 즐거움이 된다. 산다는 것은 단지 먹는 문제가 아니라 나의 가치를 실현하는 문제이다. 그렇기에 살기 위해 일하는 것이기도 하다. 그러나 소외된 노동은 일과 삶이 분리된 노동을 의미한다. 마르크스는 노동이 노동자로부터 외부화되어 있을 때 노동은 소외된다고 말한다. 외부화란 노동이 단지 노동자에게 먹고 살기 위한 방편이 됨을 의미한다. 이 일을 하는 것은 단지 먹고 사는 문제를 해결하기 위함이며 다른 목적은 없다. 이 경우, 그는 일로부터 소외된다. 노동의 과정에서 자아를 발견하고 실현하기보다는 스스로를 '부정' 한다. 결국은 불만족과 무기력

모던 타임즈의 찰리채플린, 노동의 소외를 희극으로 표현했다.

의 상태로 빠져드는 것이다.

작업장의 소외문제가 심각한 사회문제로 인식되기 시작한 것은 1960년대 말부터이며, 1970년대에는 작업장의 고질적인 병폐가 됐다. 작업장에서의 소외는 무단결근, 근무태만, 이직, 알코올 중독 등으로 나타나기 시작했다. 1970년 포춘 지Fortune에 따르면, 지엠GM과 포드Ford사의 노동자 결근율이 지난 10년 동안 무려 두 배나 증가하였으며, 지엠에서는 생산직 노동자 중 평균 5%가 아무런 이유 없이 결근하고 있다고 했다. 포드 사의 경우도 1969년 이직률이 25.2%에 이르고 있으며, 크라이슬러Chrysler사도 하루 평균 결근율이 6%, 연평균 이직률은 30%에 육박하고 있었다. 당시 유럽의 상황도 마찬가지였다. 뉴욕타임스New York Times에 따르면, 18만 명을 고용하고 있는 이탈리아의 최대 자동차 회사인 피아트Fiat 사의 경우, 하루 평균 14,000명의 노동자가 무단결근하고 있으며, 이탈리아 경영자 협회는 이탈리아 전체의 약 2천만 명의 노동자 가운데 하루 평균 80만 명이 결근하고 있다고 밝혔다.[19]

불만족, 무의미, 무기력으로 대표되는 소외는 어디에서 오는가? 포드주의 생산체제는 직무를 단순화하고 세분화하여 생산성을 향상시켰다. 그러나 단순 업무의 반복은 작업과정에서 지루함과 싫증을 증가시키고, 무엇보다도 일의

19) 브래이버만 (1974:37)

의미를 상실케 했다. 작은 단위업무로 세분화되어 각 단위업무가 전체 작업과정에서 어떤 의미를 갖는지를 노동자는 알지 못한다. 노동자는 단순한 업무의 반복에서 만족을 찾을 수 없게 되고, 파편화된 일은 더 이상 노동하는 자아自我에게 의미를 부여하지 않는다. 불만족과 무의미의 반복은 노동자를 무기력하게 하고 결국은 결근이나 이직을 증가시켰다.

노동조합은 포드주의 생산체제가 잉태한 새로운 문제에 대해 너무도 무기력했다. 오히려 생산성 하락을 우려한 경영진은 직무순환Job Rotation, 직무확대Job Enlargement, 직무충실Job Enrichment, 팀 작업 등을 통해 소외를 극복하기 위한 개선책을 분주히 마련했다. 그러나 노동조합은 어떤 대책도 내놓지 못했다. 미국의 노동조합은 직무통제 노동조합주의를 발전시키면서 오히려 노동의 소외를 가속시키는 결과를 초래하기도 했다. 직무를 가능한 한 세분화하여 고용을 증대시키고, 선임권Seniority에 입각하여 직무의 배분을 통제했다. 노동조합은 일자리를 늘리기 위해 파편화된 직무를 더욱 늘렸지만, 소외문제에는 대처하지 못했다. 이로 인해 노동자들은 노동조합으로부터도 소외됐고, 이는 1970년대에는 비공인파업으로 이어졌다. 노동조합은 반反노동자적이라 비난했던 테일러주의를 오히려 적극적으로 수용하면서 물질적 혜택을 누려오다가, 테일러주의에 의해 공격받는 상황이 발생하게 된 셈이다.

노동조합운동이 가장 발달한 시기에 노동의 '소외'가 심각히 대두됐다는 점은 아이러니하다. 그러나 세심히 살펴보면, 포드주의 생산체제가 확립되면서 노동의 분배 몫만을 확대하는 데 초점이 두어진 교섭주의 노동조합운동이 가져올 수밖에 없었던 '예정된 실패'이기도 했다. 여기에 노동조합의 관료화가 더해지면서 노동자들은 노동조합으로부터도 소외됐다. 노동조합 역시 노동자로부터 소외되기 시작했다. 1970년대 국제정세의 불안으로 고조된 자본주의의 위기는 노동조합에게 더 이상 경제적 잉여의 재분배 기회를 보장하지 않았고, 노동자로부터 소외된 노동조합운동은 이에 대해 적절한 대응책을 마련하지 못한 채 위기를 맞게 된다. 노동조합 조직률의 급격한 하락. 이것은 아마도 노동조합을 둘러싼 환경변화가 초래한 것이라기보다는 노동조합이 조합원의 요구를 이해하지 못한 채 노동자로부터 분리되어 나가는 하나의 과정으로 해석하는 것이 더 정확할지도 모른다.

참고문헌

- 리처드 던킨 (2001), 박정현 옮김, 피 땀 눈물: 노동은 어디로 진화하는가, 바다출판사
- 스터름달 (1983), 황인평 옮김, 유럽 노동운동의 비극, 풀빛
- 스튜어트 크레이너 (2001), 박희라 옮김, 경영의 세기, 더난출판
- 에릭 홉스봄 (1999), 이용 옮김, 극단의 시대: 20세기 역사(상 · 하), 까치
- 에릭 홉스봄 (1998), 김동택 옮김, 제국의 시대, 한길사
- 에드워드 코헨-로젠살 · 신디아 버튼 (1993), 이재훈 · 유경준 옮김, 노사 공존의 길, 한국노동연구원
- 해리 브래이버맨 (1974), 이한주 · 강남훈 옮김, 노동과 독점자본: 20세기에서의 노동의 쇠퇴, 까치
- 프레드릭 테일러 (1993), 박진우 옮김, 과학적 관리의 원칙, 박영사
- Lewis, H. Gregg (1986) Union Relative Wage Effects: A Survey, Chicago: University of Chicago Press
- Robin Murray (1988) "Fordism and Post-Fordism" Royal Commission on Trade Unions and Employers' Association, (1968) 1965-1968 Report London
- Sloane, Arther A. & Fred Witney (1993) Labor Relations Prentice Hall
- Terkel, Studs (1994) "Interviews from Working" in Alienation and Social Criticism, ed. Richard Schmitt and Thomas E. Moody

■본문의 사진 중, 『마셜 플랜 보고서』는 http://www.archives.com에서, 1913년의 포드자동차 조립라인은 http://ko.wikipedia.org에서, 모던 타임스의 찰리 채플린은 http://www.chosun.com에서 각각 인용했다.

제5장 위기의 시대 (1970-1980)

석유위기, 전 세계를 강타하다

1974년 1월 6일 새벽 2시. 미국인들은 시계를 한 시간 앞당겨 맞추어야 했다. 우리에게는 써머타임제로 더 익숙한 '낮 시간 절약제' Daylight Saving Time가 시작됐기 때문이다. 해도 짧은 추운 한겨울, 어린 아이들은 캄캄한 새벽에 등교길에 나서야 했고, 학부모들은 거세게 항의했다.[1] 이 풍경은 최대 에너지 사용국인 미국에게는 잘 어울리지 않는다. 여름도 아닌 한

1970년대 두 차례 석유위기는 교섭주의 노사관계를 붕괴시키는 계기가 되었다. 사진은 당시 주유소의 모습

1) Wilkipedia (2006)

겨울에, 세계 최강국인 미국이 '써머' 타임제를 성급히 실시해야 했던 이유는 무엇일까?

1973년 10월. 석유수출국기구OPEC는 좀 키퍼 전쟁Yom Kippur War중 이집트와 분쟁중인 이스라엘과 이스라엘을 지원하는 모든 국가에 대해 석유수출을 금지한다고 선언했다. 수출금지와 동시에 감산조치가 취해지면서 배럴당 12달러에 불과했던 석유는 42달러로 4배 가까이 폭등했다. 미국 내 가솔린 가격도 두 배 이상 치솟기 시작했다. 주유소마다 '다 팔렸음 Sold Out' 표지가 내걸렸고, 시민들은 불안에 떨기 시작했다. 석유가 부족해지자 전력 생산에도 차질이 생겼다. 난방을 위해 전기수요가 많은 한겨울에 '써머' 타임제를 실시할 수밖에 없었던 이유는 여기에 있었다.

전후 20년간 지속됐던, 그리고 앞으로도 계속될 것이라 믿었던 자본주의 황금기는 석유위기와 함께 막을 내리기 시작했다. 석유위기는 대량생산과 대량소비의 선순환을 더 이상 허용하지 않았다. 석유값이 폭등한 만큼 생산비용이 올랐고, 이는 다시 상품가격 상승으로, 물가상승으로 이어졌다. 가격이 오르자 소비는 그만큼 줄어들어 기업의 채산성은 악화됐다. 수많은 기업들이 도산했고, 노동자들은 실업자로 거리로 내몰렸다. 도산을 면한 기업들도 위기를 버티기 위해 임금을 삭감하고 고용을 줄였다. 임금삭감과 실업은 노동자 가계의 파산을, 시장에서는 구매력의 감소를,

나아가 황금기를 지탱했던 포드주의의 붕괴를 의미했다. 실업증가로 소비가 이루어지지 않자, 기업은 생산을 더 줄여야 했고, 생산감소는 더 많은 해고로 이어졌다. 대량해고에 따른 소비자의 구매력 감소는 더욱더 소비를 위축시켜 상품생산의 확대를 불가능하게 하는 생산과 소비의 '악순환' Vicious Cycle이 시작됐다.

2

스태그네이션 + 인플레이션 = 포드주의 붕괴

포드주의의 붕괴를 가속시킨 것은 스태그플레이션Stagflation, 즉 '불황 속 고물가'였다. 스태그플레이션이란 경기침체Stagnation에 물가상승Inflation이 수반되는 현상으로, 당시에는 매우 낯선 현상이었다. 일반적으로 경기불황이 지속되면 물가도 하락하게 마련이다. 불황은 구매력을 위축시키기 때문에, 기업은 생산을 줄이거나 상품가격을 낮춘다. 생산량의 감소는 고용의 감소로 이어지고 노동자들은 낮은 임금을 감수할 수밖에 없다. 결국 물가는 떨어진다. 그러나 영국의 상황을 살펴보면, 석유위기가 촉발됐던 1974-75년 당시, 공업생산은 제2차 세계전쟁 이후 가장 심각한 수준을 보이고 있었음에도 불구하고 물가는

여전히 상승하고 있었다.[2)]

불황 속 고물가는 케인즈주의 통화정책 때문이었다. 1930년대 대공황은 자본주의의 안정적 발전을 위해 구매력이 얼마나 중요한지를 보여주었다. 공황을 피하기 위해 정부는 재정정책과 금융정책을 통해 시장의 수요를 관리하기 시작했다. 수요부족으로 경기침체 조짐이 보이면, 대규모 건설공사와 같은 고용효과가 큰 사업에 재정지출을 늘림으로써 부족한 수요를 메웠다. 적극적인 통화정책도 실시됐다. 이자율이나 통화량을 조절해 시장에 개입하기도 했고, 거대기업의 도산이 예견될 경우에는 도산을 막기 위해 구제금융을 제공했다. 석유위기로 경기침체가 지속되자 거대기업들이 도산위기에 직면하게 됐다. 정부는 도산으로 인한 경제의 끝없는 추락, 이로 인한 대규모 실업을 막기 위해 구제금융을 실시했다. 구제금융을 위한 재원은 통화량 증가를 통해 충당됐고, 유동성 증가는 인플레이션을 유발했다. 불황 속 고물가는 바로 통화량 급증이 만들어낸 새로운 위기였다.

스태그플레이션으로 인해 노동자의 실질임금은 더욱 하락했다. 돈의 가치가 떨어지면서 구매력은 더 떨어졌고, 소비는 기대할 수 없었다. 대량소비에 의존하던 포드주의는 빠른 속도로 해체될 수밖에 없었다. 스태그플레이션이 몰

2) 김수행 등 (2003:19)

고 온 또 하나의 비극은 케인즈주의에 입각한 사회국가적 혼합경제에 대한 불신을 증폭시켰다는 점이다. 60년대를 거치면서 정부는 광범한 사회보장책을 실시했다. 복지비용이 수반되긴 했지만, 시장에서의 구매력을 보충해줄 수 있다는 믿음 때문에 가능했다. 그러나 스태그플레이션 앞에서 그 믿음은 불신으로 바뀌었다. 시장의 실패를 보완하기 위해 적극적으로 개입했던 정부는 시장실패보다 더 심각한 정부실패를 낳고 말았기 때문이다. 이제 노동자를 위한 사회보장책들도 더 이상 지속될 수 없게 됐다.

교섭주의 노사관계의 붕괴

교섭주의 노사관계의 붕괴는 포드주의 붕괴에 따른 필연적 결과였다. 교섭주의 노사관계는 포드주의 생산양식이라는 토양에서만 자라날 수 있는 나무였기 때문이다.

첫째, 포드주의 붕괴로 인해 대규모 고용을 유지하는 것이 불가능해졌다. 석유위기로 기업이 줄이어 무너지기 시작했다. 기업이 도산하면서 노동조합도 '도산' 하기 시작했다. 살아남은 기업들은 비용절감을 위해 고용을 대폭 줄일 수밖에 없었다. 미국의 경우, 4%를 유지하던 실업률은 석유위기가 발발한 직후인 1974년에는 5.6%로 올랐고, 다음 해인 1975년에는 8.5%로 가파르게 치솟았다.[3] 고용은

3) U.S Bureau of Labor Statistics

노동조합의 조직자원을 의미한다. 전후 20여 년간 대규모 노동조합이 발달할 수 있었던 것은 대규모 고용이 유지됐기 때문이다. 그러나 경기침체로 기업은 예전 수준의 노동자를 고용할 수 없게 됐다. 노동조합은 그만큼 조직자원을 잃고 만 셈이다. 조합원의 수가 감소하면서 노동조합의 교섭력은 끝없이 추락했고, 교섭과 투쟁 전략은 효력을 잃고 말았다.

둘째, 교섭주의 노사관계는 분배할 잉여의 존재를 전제로 한다. 그러나 자본주의 생산양식의 불안정성은 결국 잉여를 창출할 수 없는 위기를 반복했고, 공황도 역시 반복됐다. 공황의 시대. 노동조합은 교섭할 '거리'가 없어졌다. 하루에도 100개의 공장이 문을 닫는 상황에서 노동조합은 교섭을 외칠 수 없었고, 교섭주의 노사관계는 허상에 지나지 않았다.

셋째, 노동자들이 흔들리기 시작했다. 고용과 임금 보장이 불가능해지자 조합원들은 노동조합에 대한 지지를 철회하고 나섰다. 노동자들은 노동조합이 더 이상 과거의 성공, 즉 안정된 고용과 높은 임금을 보장해주지 못함을 알게 됐다. 몇몇 대규모 노동조합은 일자리를 지키기 위해 파업을 감행했지만 새로운 공황 앞에선 허무한 일이었다. 실업의 공포는 과거 노동조합의 성공을 보장했던 파업을 무기력하게 했다.

넷째, 브레턴우즈체제의 붕괴로 자본의 이동성은 더욱 증가했다. 금융자본은 산업자본과 결합하지 않고도 이윤을 찾아 떠다닐 수 있는 유동자본이 됐다. 변동환율제가 고정환율제를 대체하면서, 금융자본은 환차익을 얻기 위해 돈이 될 만한 곳으로 이동하기 시작했다. 생산적 투자자본이 아닌 기회주의적 투기자본으로 변모해 갔다. 자본의 이동성은 고용불안을 더욱 가속화시켰고, 노동조합은 떠나는 자본 앞에서 속수무책이었다.

다섯째, 정부의 사회정책에 대한 불신은 노동조합을 더욱 궁지로 몰아넣었다. 수요를 관리함으로써 불안정한 자본주의를 안정시킬 수 있었다고 믿었던 수많은 정부개입은 정부실패로 마감했다. 정부가 시장실패를 교정하고 보완하리라는 믿음도 함께 사라졌다. 믿음만 사라진 것이 아니다. 정부의 능력에 대한 불신이 팽배해졌다. 시장실패보다 정부실패가 더 위험하다는 것을 '위기의 시대'는 반증하고 있었다. 이로 인해 구매력을 유지시키기 위한 사회복지적 개입도 불가능해졌다. 노동조합이 성장할 수 있었던 기반은 케인즈주의 사회국가가 노동자의 권리를 법으로 제도화한 데 있었다. 그렇기에 사회복지적 개입의 축소는 그만큼 노동조합의 힘의 상실을 의미했다.

지난 시절 사회보험이 확장된 것은 노동조합의 투쟁의 결과이기도 했지만, 구매력 유지라는 정부의 필요와 맞물리지 않았다면 불가능했거나 지체됐음에 틀림없다. 그러나 위기의 시대는 노동의 투쟁과 정부의 승인이 가져온 성과를 '실패'로 몰아갔다. 시장주의자들은 위기의 주범으로 정부를 지목했다. 시장이 스스로 작동하지 못하도록 갖가지 규제를 만들어 놓은 결과라는 것이다. 노동조합에 대한 최소한의 '필요한 보호'도 이제는 '과보호'로 비난받았다. 시장주의자들의 공격에 정부는 무력했고, 노동조합에 대한 사회적 보호장치도 차츰 철거되기 시작했다.

여섯째, 노동조합의 추락은 외부 충격 때문만은 아니다. 문제는 항상 내부에서 출발한다고 했던가. 추락하는 것에 날개를 달지 못한 이유는, 바로 노동조합이 갖고 있었던 부패와 무능력 때문이었다. 지난 황금의 번영시대, 노동조합은 교섭만 요구하면 많은 것을 얻을 수 있었다. 파업도 불필요할 만큼 '쉬운 교섭'에 익숙해지고 말았다. 그러나 쉽게 얻은 성과는 독이 든 사과였다. 거대한 노동조합 속에 관료화의 독이 퍼져나갔다. 노동조합 상층부는 부패하기 시작했다. 지엠GM공장에서는 사용자와 노동조합 사이에 파업규제에 대한 약속이 행해지기도 했다. 노동조합이 주도하지 않은 파업은 비공인 파업Wildcat Strike으로 불법화됐다. 조합원들은 자신들의 요구를 무시하는 노동조합 간부들을 불신하기 시작했다. 스스로의 요구를 관철하기 위해 노동조합 간부들이 반대하는 파업을 감행했다. 사용자와 노동조합 상층부는 이들을 들고양이Wildcat로 매도했다. 팀스터 노동조합의 비리는 더 심각한 예다. 팀스터는 닉슨과 레이건 등 공화당을 지지한 유일한 노동조합이라는 오명을 얻고 있을 정도로 보수화됐다. 팀스터의 전설적 인물인 지미 호퍼는 노동조합 자금횡령 혐의로 구속되기도 했고, 심지어 경영진들로부터 파업을 중지하고 임금을 삭감한 대가로 금품을 수수하기도 했다. 결국 1975년에는 팀스터 민주화를 위한 분파가 결성돼 노동조합 민주화를 위한 투쟁이 이루어지면서 커다란 내부분란에 휩싸이기도 했다.

'불만의 겨울'

노동의 불만, 예정된 실패

노동자들은 대규모 파업을 벌이며 저항하기 시작했다. 일자리가 사라졌고, 높은 물가는 실질임금을 더욱 하락시켜 생존을 위협했다. 당시 영국은 다른 나라에 견줘볼 때 가장 심각한 상황을 맞고 있었다. 1971년에는 2,228건의 파업이 발생했고, 석유위기 직후인 1974년에는 2,922건으로 늘어났다. 1970년대를 평균해 보면 매년 2천 건의 파업이 발생했다. 파업참가자도 해마다 늘어 1979년에는 400만 명이 넘는 노동자가 파업에 참여하기도 했다. 그러나 실업은 계속 늘어나 1979년에는 13.4%까지 치솟았고, 130만 명의 실직자가 거리를 배회했다.

1978년 영국. 그 해 겨울은 노동자뿐만 아니라 영국 국

불만의 겨울, 청소부들의 파업은 런던 거리를 쓰레기더미로 넘치게 했다.

민 모두에게 어느 해 겨울보다 혹독했다. 운수 노동자들의 파업은 교통을 마비시켜 런던 시민들은 추위에 떨며 걸어서 출근해야 했다. 직장으로 향하는 골목 곳곳에는 쓰레기와 악취로 넘쳐났다. 청소부들의 파업 때문이었다. 구급차 운전사들이 일을 멈추면서, 영국의 응급전화 999도 멈췄다. 심지어는 장례도 치를 수 없었다. 장의葬儀 노동자들의 파업으로 리버풀과 탬즈사이드에는 관이 쌓이기도 했다. 당시 리버풀 지역의 보건담당 관리였던 달턴은 시신을 바다에 매장해야 할지도 모른다고 한숨을 쉬기도 했다. 그야말로 혹독한 '불만의 겨울'이었다.

불만의 겨울은 무능한 영국 정부와 노동조합의 합작품이었다. 석유위기 당시 영국의 가장 큰 곤경은 극심한 인플레이션이었다. 석유위기가 세계를 강타한 지 1년이 지난

1975년에는 물가가 26.9%나 상승했다. 물가상승으로 노동자들의 실질임금은 더욱 하락했고 생활고는 더욱 극심해져갔다. 윌슨 노동당 정부는 물가를 잡기 위해 노동조합과 타협에 나선다. 1975년 7월, '물가와의 전쟁' The Attack on Inflation이란 제목의 백서White Paper를 발간하고, 주당 임금을 6파운드로, 연간소득도 8,500 파운드로 제한하는 소득정책을 영국노총TUC에 제안한다. 노동조합으로서는 받아들이기 힘든 제안이었지만, 1976년 5월 임시이사회는 표결을 통해 정부제안에 동의한다. 그러나 곧이어 개최된 8월 총회에서 임시이사회의 결정을 뒤집으면서 윌슨정부의 사회적 타협 노력은 물거품이 되고 만다. 이후 1978년에는 캘러헌 노동당 정부가 물가억제를 위한 임금인상 제한을 다시 제안하지만, 노동자들은 이를 거부한 채 파업을 계속했다. 영국 포드 공장은 정부의 5% 임금 가이드라인을 노동조합에게 제안했다가 파국을 맞았다. 운수 및 일반노동자 노동조합 Transport and General Workers Union은 이를 받아들이려 했지만, 조합원들이 거세게 반발했다. 노동조합 상층부에 대한 불신이 극에 달해 있었기 때문이다. 결국 노동조합도 노동자의 파업을 용인할 수밖에 없었고, 그 해 12월 노동자들은 17% 임금인상을 얻어내는 데 성공한다. 뒤이어 석유회사 노동자들도 파업을 벌여 15% 임금인상을 얻어냈다.

그러나 불황이 계속되는 상황에서 인상된 임금을 얻을

수 있는 노동자들은 포드 사와 같은 일부 대기업 노동자들에 한정될 수밖에 없었다. 임금인상을 감당할 수 없는 기업들은 도산하기 시작했고, 노동자들은 일자리를 잃었다. 석유운송 노동자들과 일반운수 노동자들이 임금인상을 요구하는 연대파업을 벌였고, 그 결과 석유회사들은 속속들이 파산했다. 백만 명이 넘는 노동자들은 또다시 일자리를 잃고 거리에 나앉게 됐다.

1978년 겨울. 영국인들은 그 해 겨울을 '불만의 겨울'이라 부른다. 불만의 겨울은 현재 유럽 경영자 총연합의 사무총장인 로빈 채터가 당시 소득연감Incomes Data Report을 작성하면서 이름 붙였다고 한다. 당시 대기업 노동자들은 파업을 불사하고 높은 임금을 얻어냈다. 그러나 공공부문 노동자들은 임금인상은 커녕, 물가인상으로 인해 실질임금의 극심한 하락을 감내해야 하는 상황으로 내몰리고 있었다. 결국 공공부문 노동자들도 파업에 참여하기 시작했다. 철도 노동자들이 24시간 파업을 감행했고, 간호사들도 25%의 임금인상을 요구하며 파업에 가세했다. 1979년 1월에는 구급차 운전사들이 운행을 거부했고, 이로 인해 응급전화 불통사태가 계속되는 등 의료대란 조짐도 보이기 시작했다. 리버풀 지역에서는 장례도 행해질 수 없었다. 묘지를 만드는 노동자들gravediggers이 임금 14% 인상을 요구하면서 파업에 돌입했다. 리버풀 시는 관을 스페크Speke 지역의 한 공장에 쌓아놓을 수밖에 없는 상황에 몰렸다. 청소 노동자들도 일을 거부하자 런던 시내는 넘쳐나는 쓰레기로 악취에 휩싸이고 말았다.

캘러헌 정부는 당황하기 시작했다. 노동자의 지지로 당선된 노동당 정부였기에 더욱 그러했다. 정부는 노동조합을 설득하기 시작했다. 영국노동조합총연맹에 파업자제와 소득정책을 통한 임금안정에 협력해줄 것을 설득했다. 그 해 2월 14일, 캘러헌 정부는 영국노동조합총연맹과 경제, 정부, 그리고 노동조합의 사회적 책임이라는 제목의 사회적 합의안을 이끌어낸다. 그러나 사회적 합의는 노동당정부와 노동조합 상층부간의 의미 없는 합의일 뿐이었다. 노동자들은 정부도, 그들의 노동조합도 신뢰하지 않았다. 우파 노동조합 지도자였던 테리 더피Terry Duffy는 사회적 타협이 이루어지기 전인 1978년 겨울, 노동조합이 소득정책에 합의하는 것은 정신 나간 일일 뿐만 아니라 우스꽝스럽기도 한 '정치적 자살'이라고 비난했다. 그만큼 그 타협은 이미 실패가 예정된 타협이었다. 파업은 계속됐고, 1979년 한 해 동안에만 500만 명이 넘는 노동자들이 4천여 건의 파업을 벌였다. 영국병은 더욱 심각해졌다. 결국 노동당 정부는 파산하고 철의 여인으로 불리는 대처의 보수당이 집권하게 된다. 이후 노동조합에 대한 국민들의 불신은 날로 커졌고, 대처의 노동개혁은 노동운동을 더욱 약화시키기에 이른다.

영국에서의 석유위기는 불만의 겨울로 이어지면서 영국 전체를 영국병의 도가니에 밀어넣었다. 정부는 노동조합달래기에 급급해 과도한 복지정책을 펼쳤고, 재정적자는 날로 늘어만 갔다. 재정적자를 메우기 위해 통화발행이 급증했고, 제2차 석유위기가 겹치면서 물가는 한없이 치솟았다. 노동당 정부마저 뒤늦게 임금억제정책을 시도했지만, 이를 관철할 수 있는 원칙도, 능력도 없었다.

노동조합과의 타협이 실패로 돌아간 이유는 노동조합에 대한 노동자들의 불신 때문이었다. 노동조합 역시 무력했고 무능했다. 결국, 1979년 대처의 보수당이 집권하면서 노동조합은 암흑의 세월을 맞게 된다. 대처 정부가 집권하던 해에는 1,330만 명의 노동자가 노동조합에 가입해 있었으나, 10년 뒤인 1990년에는 990만 명으로 300만 명 이상 줄어드는 등 노동조합의 조직력은 지속적으로 감소됐다.[4]

4) 윤진호 (1999)

일본을 주목하라

경기침체로 모든 나라가 몸살을 앓고 있던 70년대 중반, 동양의 작은 섬나라, 일본은 약진을 거듭하고 있었다. 1966년 도요타Toyota는 소형차 '코로나'를 발표했다. 도요타가 세계적 브랜드로 성장할 수 있었던 것은 석유위기를 코로나로 극복하면서다. 1973년 이후 1983년까지 10년간 천만 대를 생산하면서 '기술의 닛산'을 누르고 세계적인 자동차업계로 도약했다. 석유가격이 폭등하자, 소비자들은 연비가 높은 소형차에 눈을 돌렸다. 코로나는 연비가 우수할 뿐만 아니라 소음과 고장률이 낮고 판매 후에도 차별화된 서비스를 제공함으로써 인기를 얻게 된다. 특히, 당시 자동차의 가장 큰 문제는 잦은 잔고장이었다. 도요타는 품

도요타 자동차

질경영을 필두로 고장 없는 자동차를 만든다는 명성을 쌓아갔고, 1980년대에 이르러는 세계 자동차 시장을 석권한다.

당시 일본은 그저 저가低價의 전자제품을 생산하는 작은 섬나라로만 인식됐었다. 그러나 위기의 시대를 돌파하는 저력이 알려지면서 세계의 이목이 집중됐다. '일본을 알자' 라는 움직임이 일기 시작한 것도 이때다. 일본 경영의 세 가지 주춧돌Three Pillas을 발견하고 신기神器라 이름 붙였다. 평생고용, 연공임금, 그리고 기업별 노사관계가 바로 그것이다. 어느 하나도 미국이나 서방세계에는 익숙하지 않았던 경영전략이었으니, 신기로울 만했다.

평생고용은 회사와 노동자를 동일시하는 기반이다. 회사의 발전이 곧 나의 발전이라는 믿음은 평생직장을 전제로 했을 때만 가능하다. 해고의 자유가 광범위하게 보장되는 미국의 고용관행과는 근본적으로 다른 개념이다. 직장이 평생의 장場인 만큼, 노동자들은 그 안에서 자기를 실현하기 위해 몰입한다. 조직몰입뿐만 아니라 충성도도 크게 증가한다. 최근 전략적 인적자원관리의 핵심 관건인 "노동자의 조직몰입과 충성도를 어떻게 높일 수 있는가"에 대한 해답을 일본경영은 이미 제시했다고 볼 수 있다. 노동자들의 몰입에 대해 경영진은 책임으로 답한다. "경영자가 종업원을 해고하는 것은 도리에 맞지 않다" 1,760명의 노동자를 희망퇴직이란 형식으로 해고한 후, 도요타 사장이 스스로 사장직에서 물러나면서 남긴 말이다. 1950년 4월의 일이었다. 패전 후, 1949년부터 시작된 자동차업계의 극심한 불황으로 자금 압박에 시달리던 도요타는 임금삭감만으로는 회사를 살릴 수 없다고 판단했다. 급기야 해고를 단행했지만, 해고와 함께 최고경영자도 노동자에 대한 '도리'를 지키지 못한 책임을 통감하며 물러났다.

연공임금은 테일러주의의 성과임금과 반대되는 개념이다. 임금을 결정하는 기준은 '성과'가 아닌 '연공'이다. 얼마만큼이나 회사에 공헌했는가의 문제는 그 '공헌의 양'이 아니라 '공헌의 시간'이다. 더 많은 시간을 일한 사람일수록 더 많은 성과를 낼 수 있다는 믿음이 없다면 불가능한 일이다. 연공주의 임금체계는 이후에 많은 비판을 받으며 수정돼 왔지만, 지금도 '연공'은 임금결정에 있어 중요한 기준 중 하나다. 연공임금으로 인해 노동자는 장기근속의 유인을 가지며, 자신의 미래를 회사의 미래에 연동시켜 나갔다.

기업별 노동조합주의도 되새겨봄 직하다. 업종별 노동조합이나 산업별 노동조합이 일반적이었던 미국이나 유럽국가에 비해, 일본의 노동조합은 기업별 노동조합이 보편적이다. 기업별 노동조합은 회사의 사정을 누구보다 잘 알 수 있다. 노사가 공통된 인식을 가지고 협력할 수 있는 가능성을 높일 수 있는 장점도 있다. 이를 최대한 살린 것이 바로 당시 일본기업의 노사관계였다.

세 가지의 신기는 일본경영을 떠받치는 기둥이 됐다. 특히 주목할 것은 '노동자의 참여'를 통해 품질을 향상시켰다는 점이다. 미국에서 주목 받지 못했던 에드워드 데밍은 전후 일본으로 건너가 일본기업의 품질관리를 위한 일대 혁신을 단행했다. 그리고 품질경영을 위해 노동자의 참여를 이끌어냈다. 참여는 헌신을 전제로 할 때 비로소 '생산적 참여'가 된다. 품질관리팀을 생산라인에 근무하는 노동자로 구성하고, 이들이 중심이 되어 불량이 발생할 가능성을 타진한다. 문제가 발생하면 스스로 해결할 수 있도록 권한까지 부여한다. 문제가 해결되면 이를 보상함으로써 지속적인 품질관리가 이루어질 수 있도록 했다.

결국, 위기의 시대에 위험을 기회로 전환시킨 계기는 몰입과 헌신을 갖는 노동자의 참여였다. 일본의 약진은 '노동자 경영참여'가 위기의 자본주의와 위기의 노사관계를 극복할 수 있는 대안이 될 수 있음을 암시했다.

6 어설픈 타협, 심화된 불균형

1970년대 위기의 시대 앞에 기업과 노동조합은 모두 당황했다. 자본주의 황금기가 끝나면서 '타협의 시대'도 마감됐다. 포드주의가 붕괴되면서 교섭주의 노사관계도 허물어졌다. 기업은 모든 것을 줄였다. 고용을 줄였고, 임금을 줄였고, 생산도 줄였다. 노동조합은 이에 대처할 묘안이 없었다. 안정된 고용과 높은 수준의 복지라는 과거의 영광을 재현하기에는 노동조합의 힘은 턱없이 부족해 보였다. 노와 사는 공동의 위기를 극복할 새로운 모색이 필요했다. 노동조합은 과거의 안정된 고용과 임금을 얻을 수 없음을 깨달았다. 일본의 약진을 보며 노동과 자본은 위기타개를 위해 '노동자 경영참여'라는 새로운 실험에 타협한다.

노동자의 경영참여는 교섭주의 노사관계의 종말을 의미했다. 교섭주의 노사관계는 자본의 경영권을 인정하는 대신, 잉여의 분배과정에 노동조합의 참여를 보장한 자본과 노동의 타협의 산물이다. 단체교섭권이 법적으로 보장될 수 있었던 것은 교섭의 범위를 경제적 잉여의 분배로 철저하게 제한하는 데 노사 간의 동의가 있었기 때문이다. 자본이 노동의 분배참여를 허용했던 이유는 교섭할 수 있는 대상을 법으로 정해 놓음으로써 경영권에 대한 개입을 막을 수 있었기 때문이었다. 또한 고임금은 시장의 구매력을 유지시키므로 자본에게도 항상 손해만은 아니라는 사실을 대공황을 통해 학습했기 때문이기도 했다.

위기의 시대, 자본이 노동의 경영참여에 대한 요구를 고용 및 임금조정과 맞바꿀 수 있었던 것은, 일본의 경험을 학습하고부터다. 노동자가 경영에 참여할 수 있는 길을 열어줌으로써 적대적 생각을 버리게 하고, 주인의식을 갖게 함으로써 보다 헌신적인 노동자를 생산할 수 있다는 기대를 갖게 됐다. 노동과 자본의 대타협은 당장의 위기를 극복하는 데 무엇보다도 절실했다. 기업은 생산비 급등을 고용과 임금조정으로 흡수해 낼 수 있었고, 노동조합은 그나마 경영에 참여하여 자신의 목소리를 낼 수 있다고 기대했기 때문이다.

그러나 그 타협은 어설프기 짝이 없었고, 노사 간 힘의 불균형을 더욱 심화시켰다. 계속되는 침체로 인해 노동조합은 수세에 몰릴 수밖에 없었다. 고용안정과 노동복지를 포기할 수밖에 없었던 상황에서 경영참여라고 하여 노동조합에게 유리할 수 있는 건 아니었다. 일반적으로 노동자는 세 가지 방법으로 경영에 참여한다. 성과참여, 자본참여, 그리고 의사결정참여가 그것이다. 성과참여는 늘어난 성과에 대해 성과배분이나 이익공유 형태로 참여하는 방식이다. 자본참여는 우리사주를 매입하여 주주인 노동자가 되는 길이다. 의사결정참여는 가장 중요한 참여 방식이다. 일상적인 수준에서 전략적 수준에 이르기까지 다양한 방식의 참여가 보장되는, 그야말로 경영참여의 핵심이라 할 수 있다.

그러나 자본이 내어준 경영참여는 매우 제한적이었다. 성과참여나 자본참여는 노동비용을 줄이고 성과에 따라 보상을 차등하여 노동자 간 경쟁을 꾀하는 유인책으로 도입됐다. 의사결정참여 역시 일상적 수준의 참여로 제한됐을 뿐, 전략적 수준에의 참여는 허용되지 않았다. 당시 일본의 생산방식 중 하나인 품질관리제도Quality Control Circle가 도입됐는데, 이는 생산을 직접 담당하는 노동자로 하여금 불량의 원인을 제거할 수 있도록 권한을 부여한 의사결정참여방식 중 하나다. 불량의 원인을 가장 잘 파악할 수 있는 사람은 생산현장의 노동자이기 때문이다. 그러나 경영참여의 주체는 개별적인 노동자였고, 노동조합이 주체가 되지는 못했다. 게다가 품질을 개선하고 이윤을 높일 수 있는 부문에서만 제한적으로 경영참여가 허용됐기 때문에, 노동조합이 기대했던 경영에 대한 감시는 허상에 불과했다.

무엇 보다 노동조합은 경영참여를 위한 준비가 돼있지 않았다. 경영을 감시하고, 보다 나은 경영으로 유인하기 위해서는 경영역량이 필요하다. 경영환경의 변화를 읽고, 시장지배자가 되기 위한 전략을 탐색하며, 전략을 수행할 수 있는 역량을 어떻게 갖추어 나가야 하는지 구체적 방법을 제시할 수 있어야 한다. 그러나 노동조합은 오랫동안 교섭주의에 빠져 경영역량을 갖출 수 있는 기회를 잃어버렸다. 전후 20여 년의 번영기는 높은 임금과 안정된 고용을 얻어내는 데 더할 나위 없는 기회였지만, 위기를 준비할 수 있는 혜안을 주진 못했다. 노동조합에겐 얻은 것보다 잃은 것이 더 많은 '잃어버린 20년' 이 되고 만 셈이다.

어설픈 타협은 노동조합의 기대와는 달리 불균형의 심화를 초래했다. 자본우위의 경영참여가 제도화되면서 노동자는 노동조합보다 경영진에 더욱 의존하기 시작했다. 고용안정과 노동복지는 더이상 노동조합에 의해 주어질 수 없다는 인식도 점차 확산됐다. 노동자도 분열하기 시작했고, 계급적 연대는 공허한 외침에 불과해졌다. 노동자라 하여도 같은 노동자가 아니다. 성과가 높은 경쟁력 있는 노동자군이 만들어지면서, 이들은 단체교섭을 통해 자신의 노동조건을 보호받기보다는, 개별교섭을 통해 자신의 능력만큼 정당한 보상을 받기를 원했다. 노동조합에 대한 의존성은 차츰 엷어지기 시작했고, 회사에 대한 몰입이 증가하기 시작했다. 노동자의 인식변화는 노동조합의 기반을 더욱 침식해 갔고 자본과 노동의 불균형은 더욱 심화되어 갔다.

참고문헌

- 김수행 · 안삼환 · 정병기 · 홍태영 (2003), 제3의 길과 신자유주의, 서울대학교 출판부
- Seldon, A. (2004), New Labour, Old Labour: the Wilson and Callaghan Governments 1974-79
- U.S. Bureau of Labor Statistics. Labor Statistics in the United States
- Wikipedia (2006), 1973 Oil Crisis, http://en.wikipedia.org/wiki/1973_ energy_ crisis

■본문의 사진 중, 석유위기 당시 주유소의 모습은 http://en.wikipedia.org /wiki/ 1973_energy_crisis에서, 『불만의 겨울』은 http://en.wikipedia.org/wiki/Winter_of_ discontent에서, 『도요타 자동차』는 http://carlife.net에서 각각 인용했다.

제6장 유연성의 시대 (1980-현재)

로 구매할 수 있게 됐다.

소비자 주권의 확립은 기업으로 하여금 생산의 유연화를 추구토록 했다. 소비시장을 새롭게 쪼개어 블루오션을 만들어내는 기업만이 성공할 수 있게 됐다. 블루오션이라는 새로운 시장은 새로운 욕구를 갖는 수요자로 가득 차 있다. 문제는 새로운 욕구를 충족시키는 다양한 상품을 만들어내는 데 있다. 차별화된 상품을 만들기 위해 생산라인을 새롭게 설치하는 것은 이전 시대에는 무모할 뿐만 아니라 상상도 못할 일이었다. 수시로 변하는 기호에 맞추기 위해 막대한 비용이 드는 생산라인을 그때그때 바꿀 수는 없는 일이었기 때문이다. 그러나 변화된 시대에 고객의 기호는 더 이상 공급자에 의해 결정되지 않았다. 정보통신의 혁명은 기업이 유연한 대응을 할 수 있는 길을 열어주었다. 컴퓨터와 로봇이 생산과정에 응용되면서 하나의 생산라인에서 하나 이상의 다양한 상품을 만들 수 있었기 때문이었다. 이는 유연성의 자본주의 개막을 알리는 서곡이었다.

2
유연성의 확장, 세계화의 개막

세계화를 열었던 정보통신혁명은 지금도 진행중이다.

3 관료적 경영의 해체와 고성과기업의 출현

세계화 시대에 맞추어 기업은 발 빠르게 변모해갔다. 경영조직이 새롭게 구축되기 시작했다. 이는 대량생산체제에 맞는 관료제적 경영조직이 유연생산체제에 맞는 고성과기업High Performance Workplace으로 전환된 것을 의미한다. 고성과기업의 통일된 개념은 아직도 존재하지 않는다. 진화하는 과정에 있기 때문이다. 다만, 그 특징을 중심으로 개략적으로 정의한다면, '구성원과의 파트너십에 기반을 둔 유연한 작업장' 이라 할 수 있다.

구성원과의 파트너십은 고성과기업의 가장 중요한 가치다. 과거의 관료제적 경영조직은 소유자 중심의 조직이었다. 노동자는 기업 소유자에 고용된 생산요소로서의 '노동' 일 뿐이었다. 그 노동은 경영자에 의해 마음대로 처분될 수 있는 생산의 한 요소에 불과했다. 노동을 생산요소로만 보면, 비용의 관점에 서게 된다. 노동은 비용이기 때문에 줄일수록 효율적인 것이 된다. 노동자에게 주는 임금이나 복지는 기업에는 비용일 뿐이다. 따라서 임금과 복지를 줄일수록 기업의 효율성은 커진다. 그러나 노동자의 참여를 중시하는 고성과기업에서는, 노동은 비용이 아닌 '자산'이다. 자산은 투자할수록 가치가 늘어난다. 이제 노동자는 단순한 비용으로 계상되는 생산요소가 아니라, 투자하면 가치를 증식시키는 인적자본으로 변한다.

대량생산체제 하에서의 노동이 단지 하나의 생산요소로 인식된 것은, 대량생산체제가 갖고 있는 단순분업화에 그 원인이 있다. 세밀하게 쪼개진 작업은 쉬운 작업이기 때문에 빨리 숙달될 수 있다. 뿐만 아니라, 그 노동자는 언제라도 대체가 가능해진다. 그러나 유연성의 자본주의는 단순한 노동에 의존하는 체제가 아니다. 생산현장의 노동자는 "고객이 무엇을 필요로 하는가?"에 대해 부단히 고민해야 한다. 고민만으로는 불충분하다. 그 고민을 동료 또는 상사와 토론하고 해답을 찾아 생산에 적용할 수 있어야 한다. 이를 위해서는 역량있는 노동자가 필요하다. 따라서 고성과기업은 노동자를 역량있는 인적자본으로 만들기 위해 부단히 투자한다. 사람에 대한 투자는 기술이나 설비투자 못

지 않은 보상이 큰 투자다

구성원과의 파트너십은 참여를 전제하는 개념이다. 노동자의 의사결정 참여는 과거 대량생산체제에서는 찾아보기 힘들다. 대량생산체제 하에서는 관료제적 의사결정이 보편적이었다. 의사결정을 위해서는 권한과 책임의 양에 따라 계층화된 단계를 거쳐야 한다. 예를 들면, 과장 – 차장 – 부장 – 담당임원 – 최고경영자로 이어지는 결재단계를 거쳐야 '하나의 의사'가 결정됐다. 조직 전체의 의사를 확인하는 집합주의적 의사결정 과정이라 할 수 있다. 집합주의적 의사결정은 조직 전체의 의사를 확인해야 하기 때문에 항상 느리다. 심지어 지금도 어떤 기업은 5만 원을 쓰기 위해 몇 개의 도장을 받아야 한다. 결재라인에 있는 담당자가 휴가 중이라면, 5만 원을 쓰기 위해 휴가가 끝나기를 기다려야 하는 그런 시스템이다.

도요타 자동차 광고

그러나 고성과기업은 다단계 계층구조를 단순화한다. 고객의 기호는 변덕스럽기 짝이 없다. 여러 층을 갖는 결재 구조로는 변화에 신속하게 적응하기 힘들다. 단순하고 신속한 의사결정은 권한과 책임의 적절한 위임으로만 가능하다. 뿐만 아니라 고성과기업은 자율팀제를 도입하여 위임의 차원을 한 단계 높인다. 생산과정의 한 덩어리가 자율팀에게 맡겨진다. 자율팀은 생산방식에 대한 광범위한 권한을 가지고 있다. 팀 구성원들은 성과와 책임을 함께 공유한다. 팀장은 팀 전체를 책임지며 성과를 평가할 뿐만 아니라, 경우에 따라서는 채용의 권한도 갖고 있다.[1] 하향식 평가는 동료 간의 수평적 평가로 보완되고, 이는 무임승차자를 허용하지 않는다.

고성과기업은 유연성과 안정성의 조화를 추구한다. 유연성과 안정성, 그 모순된 두 개의 가치가 어떻게 조화될 수 있는가? 안정성의 가장 중요한 요소는 고용안정이다. 고성과기업은 구성원과의 파트너십을 근본 가치로 삼기 때문이다. 고용은 노동자의 생존기반이다. 또한 최고의 복지이기도 하다. 유연성의 시대에 고용안정은 노동자에게는 그 가치가 더욱 높아진다. 이를 기업의 입장에서 보면, 고용안정은 경쟁력 있는 노동자를 확보하는 데 있어 핵심요소가 된다. 고성과기업은 핵심부문에 종사하는 핵심인재에 대해서는 철저하게 고용안정을 보장한다. 뿐만 아니라 높은 임금과 복지도 부여한다. 반면 주변부문은 비정규 노동자로 채우거나 아웃소싱을 통해 외부화한다. 이는 기업의 내부 노

1) Thomas Bailey, Pefer Berg, Carola Sandy (2001)

동시장이 이중화돼 있음을 의미한다. 결국, 유연성과 안정성은 통합적으로 조화되기보다는 부문을 달리하여 적용된다. 외부화가 증가할수록 기업 차원에서의 고용안정은 높아진다. 그러나 사회 전체적으로는 불안정한 노동자층이 확대되는 결과를 초래하기도 한다.

비정규 노동자의 증가

노동계급의 해체와 공유지의 비극

유연성의 자본주의는 계급으로서의 노동자를 해체한다. 노동자란 누구인가? 적어도 이 시대의 노동자를 정의하는 것은 그리 쉽지 않다. 과거에는 노동력을 팔아 생계를 유지하는 자는 모두 노동자였다. 그들은 서로를 동일시하고, '우리' 안에 묶는다. 작업장이라는 공간에서 생활하고, 서로 비슷한 처지를 이해하며, 비슷한 문화를 갖는다. 그들이 노동계급으로서의 노동자이다. 톰슨이 사회문화적 측면에서의 계급을 중요시한 것처럼, 노동계급은 물질적 기반만이 아니라 그들이 공유하는 문화가 동일할 때에 비로소 계급으로서의 의미를 갖게 된다.[2)]

2) E.P 톰슨 (2000)

그러나 유연성의 시대인 지금, 노동자의 개념이 달라지고 있다. 노동시장의 유연화는 노동을 질에 따라 구분하고 각각을 달리 대우한다. 양질의 노동, 그 중에서도 전략적 가치를 갖는 핵심노동은 높은 임금과 안정된 고용을 보장받는다. 반면에 그렇지 않은 주변 노동은 낮은 임금과 불안정한 고용에 시달린다. 비정규직이라 불리는 다양한 형태의 노동자군이 형성된다. 이들을 정규직과 동일한 노동자로 부르기에는 매우 이질적이다. 계약직 노동자는 정규 노동자와 달리 고용기간이 정해져 있다. 계약기간이 끝나면 고용관계가 소멸되기 때문에 해고절차가 따로 필요없다. 기업은 새로 진출하고자 하는 사업의 타당성 검증을 위해 계약직 노동자를 사용한다. 파트타임 노동자 역시 전일제 노동을 특징으로 하는 정규 노동자와 구별된다. 필요에 따라 노동시간을 줄이거나 늘릴 수 있기 때문에 유연하게 활용할 수 있다. 파견 노동자는 고용주와 사용주가 서로 다르

비정규 노동자들의 파업 현장

다는 점이 특징이다. 필요에 따라 필요한 기간만큼 노동자를 임대해 쓸 수 있다. 우리나라에서는 특수형태 근로종사자로 불리는, 독립도급업자Independent Contractors도 비정규 노동의 한 형태다. 이들은 형식적으로는 사용자와 종속관계에 있지 않으며, 자신의 노동을 스스로 규율하며 맡겨진 일을 수행한다는 점에서 도급업자와 비슷하다.[3)]

비정규 노동자의 확산은 80년대 이후 각국에서 나타나는 보편적 문제다. 가장 큰 문제는 고용불안이다. 기업의 필요가 있을 때에만 고용을 유지할 수 있기 때문이다. 그러나 더 심각한 문제는, 비용절감만을 목적으로 비정규 노동자를 사용할 때 발생한다. 실제로 많은 기업은 근로관계를 회피할 목적으로 비정규 노동을 사용한다. 나라마다 그 정도는 다르지만, 정규 노동자는 해고의 위협으로부터 일정 어느 정도 자유롭고 다양한 복지혜택을 향유한다. 우리나라의 경우도 해고제한이 엄격하고 정규 노동자에 대한 복지비용이 높아 이를 회피할 목적으로 비정규 노동자를 사용하는 예가 많다. 심지어 비슷한 일을 하면서도 비정규 노동자의 보수는 정규 노동자의 절반을 조금 넘는 수준이니, 비정규 노동자들의 저항은 불을 보듯 뻔하다. 저항으로 인한 사회적 비용도 크지만, 기업도 높은 비용을 지불해야 하기는 마찬가지다. 비정규 노동자를 많이 쓸수록 다른 노동자

3) 신은종 (2005)

의 고용불안감이 높아지는가 하면, 숙련을 축적할 수 있는 기회도 잃는다. 정규 노동자와 비정규 노동자 간의 불화는 회사 분위기를 뒤숭숭하게 하기 일쑤고, 생산성은 그만큼 떨어진다.

비정규 노동자 문제에 대한 해법은 당분간 쉽게 찾아지지 않을 것 같다. 그 이유는 유연성의 자본주의가 만들어낸 불가피성과 기업의 무분별한 남용이 복잡하게 얽혀 있기 때문이다. 비정규 노동의 증가는, 근본적으로, 유연성의 자본주의라는 거대한 흐름이 만들어낸 결과다. 거대한 흐름이기에 기업이나 노동조합이 선택할 수 있는 폭은 매우 제한적이고, 그렇기에 불가피성을 받아들여야 한다. 비정규 노동의 완전한 철폐가 구호로 그칠 수밖에 없을 만큼 공허한 이유는 이 때문이다.

그러나 유연성이라는 거대한 흐름 뒤에 숨어서 자기 몫만을 챙기는 기업의 무분별한 남용은 문제를 더욱 복잡하게 만든다. 유연성의 자본주의가 요구하는 '유연한 노동력의 활용'의 효과를 넘어서 인건비 절감을 더 얻고자 한다면, 어수봉이 잘 비유한 '공유지의 비극'을 초래할 뿐이다. 공유지의 비극은 1968년 생물학자인 가렛 하딘이 사이언스에 발표한 개념이다. 주인이 없는 목초지가 있다면 농부들의 가장 합리적인 선택은 더 많은 소를 몰고 나와 풀을 먹이는 것이다. 풀이 더 나도록 기다리다가는 다른 농부들에게 모두 빼앗기기 때문이다. 그러나 모든 농부가 그런 '합리적' 선택을 한다면, 목초지는 황폐화되고 결국 모두의 소를 죽이는 '비합리'가 초래된다. 비정규 노동의 공유지의 비극은 비단 소를 잃는 농부들이 늘어나는 것만 아니라 사회 전체의 황폐화를 초래할 수 있기에, 그 심각성은 더욱 크다.

비정규 노동의 해법은 '유연성의 중도'를 찾는 데서 시작될 수 있다. 비정규 노동에 있어 유연성의 자본주의로 인한 불가피성과 기업의 무분별한 남용의 경계를 그어보는 것이다. 이를 위해서는 먼저 임금이나 복지의 차별을 없애야 한다. 비정규 노동은 유연성을 위해서만 제한적으로 사용할 수 있도록 하는 것이다.

5
노동의 쇠락, 비노조경영의 확산

유연성의 자본주의는 노동조합을 더욱 위기로 몰아갔다. 경제구조의 변화로 인해 노동조합은 과거의 영광을 회복할 수 있는 기반을 잃었다. 그러나 위기를 심화시킨 더욱 중요한 이유는 노동조합의 준비부족에 있다. 포드주의 몰락은 단순한 경제환경의 변화라기보다는 '세계화'라는 새로운 거대한 흐름의 출현을 의미한다. 시대적 흐름을 제대로 읽지 못했기 때문에, 어떻게 대응할 것인가에 대한 해답도 노동조합은 찾지 못했다. 노동조합의 무지의 대가는 매우 컸다. 비노조경영Union-free management의 확산이 그것이었다. 작업장에서는 기업이 과거 노동조합의 기능을 대체해 나가기 시작했다. 노동조합보다 먼저 노동자의 불만을 파악했고, 직장만족도를 높이기 위한 투자도 더욱 늘렸다. 노동조합이 투쟁이라는 비용을 들여 조합원만을 위해 얻어냈던 것을, 회사가 전략적 투자를 통해 전체 종업원에게 보장해 주는 셈이 됐다. 노동자의 입장에서는, 당연히 부담이 적고 효과가 큰 것을 선호하게 마련이다. 전략적 인적자원관리 정책으로 불리는 노동자에 대한 기업의 구애전략은, 내부 경쟁이라는 다소 낯선 환경을 만들긴 했지만, 종업원의 불만을 해소하는 데에는 노동조합의 전투적 교섭보다 더 효과적이었다. 그 결과 비노조경영이 더욱 확산돼 나갔다. 비노조경영의 확산은 기업이 적극적으로 노동조합을 대체해 나가기 위해 실시한 전략의 결과이기도 했지만, 노동조합에 실망한 노동자들이 묵시적으로 동의하고 받아들인 결과이기도 했다.

비노조경영은 단순히 노동조합이 존재하지 않는 무노조 기업과는 다르다. 무노조기업은 어떤 이유에서건 노동조합이 존재하지 않는 기업을 말한다. 미국의 경우, 전통적으로 노동조합이 잘 조직돼 있었던 석탄산업이나 운송산업에서 이미 무노조기업이 1960~70년대에 나타났다. 무노조기업이 증가한 이유는 산업의 구조조정에 기인했다. 산업혁명의 원동력이었던 석탄이 석유로 대체되기 시작하면서 석탄에 대한 수요가 줄어들었고, 산업합리화가 진행되면서 무노조기업이 늘어날 수밖에 없었다.

그러나 '무노조' 현상이 환경이 만든 결과라면, '비노조' 경영은 행위주체의 전략에 따른 결과였다. 그 행위주체는 초일류기업과 개별노동자였다. 비노조경영은 집합적 관계보다는 개별적 관계에 주목한다. 다시 말하면, 과거에는 기업의 노사관계 전략은 노동조합이라는 집합적 실체에 대해 어떻게 대응할 것인가 하는 것이었다. 그러나 지금의 기업은 개별노동자와의 '직접적 관계'를 형성하는 데 더욱 많은 관심을 쏟는다. 아이비엠IBM의 '종업원과의 공유' 철학, 휴렛패커드HP의 참여철학, 모토롤라의 투자의 철학 등이 대표적 예다. 개별노동자와의 직접적 관계를 중시하는 전략은 '노동자'라는 계급 개념을 '종업원'이라는 기업구성원 개념으로 바꾸어 놓았다.

휴렛패커드 칼리피오리나 전회장

정보통신혁명을 계기로 지식경제로의 전환이 빨라지면서, 가치의 원천이 자본에서 지식노동으로 빠르게 이전됐다. 이제 지식노동과의 직접적 관계를 잘 형성하면, 그만큼 부가가치를 창출할 수 있게 됐다. 직접적 관계는 파트너십이 주된 내용이다. 이는 자본주의 사회에서 당연한 논리적 귀결이기도 하다. 자본주의는 자본과 노동의 결합 없이는 생산이 불가능한 체제다. 과거에는 그 결합이 자본가가 지배자의 지위에서 노동자를 사용함으로써 만들어졌다. 소위 사용종속관계가 그것이다. 그러나 지식경제로의 전환은 사용종속관계를 상호의존관계로 바꾸어 놓았다.

파트너십이라는 상호의존관계는 일방적 지시보다는 참여에 기반했고, 참여에 따른 성과는 노동조합이라는 힘이 아닌 성과보상이라는 시스템에 의해 분배된다. 기업은 지식노동의 가치를 높이기 위해 훈련에 보다 많은 재원을 투자하기 시작했다. 동시에 고용안정을 보장함으로써 노동자의 자발적 헌신을 유도하기도 했다. 유연성의 시대에 고용안정은 무엇보다 매력적인 보상이었다. 반대로 고용불안은 가장 커다란 불만의 요소이기도 했다. 고용안정을 적극적으로 보장함으로써 불만을 해소함과 동시에, 훈련과 경력개발에 투자함으로써 종업원들로 하여금 직장에서의 자아실현을 가능토록 했다. 필요할 경우에는 종업원에게 더 많은 권한을 위임하여 자율적인 노동이 가능할 수 있도록 배려하기도 했다.

과거에는 노동조합에 의해 보호될 수 있었던 것이 이제는 기업에 의해 보장되는 것이다. 물론 모든 것이 만족할 수준으로 보장되는 것은 아니다. 그리고 지금은 초일류기업이라고 불리는 일부기업에서만 가능하기도 하다. 그러나 고용안정에 있어 노동조합보다는 기업이 우위에 있는 것임에는 틀림없다. 불확실성이 증가하는 요즘 시대에서는, 고용창출과 유지가 기업의 생존능력에 달려 있기 때문이다. 결국 유연성의 시대에 비노조경영은 노동조합보다 비교우위에 설수 있는 지위를 확보했다고 볼 수 있다.

비노조경영의 몇 가지 오해

비노조경영에 관한 몇 가지 오해가 있다.

첫째, '비노조경영이면 초일류기업이다'라는 잘못된 명제다. '비노조경영'과 '초일류기업'은 직접적 인과관계에 있지 않다. 노동조합을 없애면 모든 기업이 초일류가 될 수 있다는 것 역시 비상식이다. 노동조합이 존재하는 초일류기업을 우리는 쉽게 발견할 수 있기 때문이다. 초일류기업의 대표주자인 사우스 웨스트South West는 종업원의 80% 이상이 노동조합에 가입해 있다. 도요타도 노동조합이 조직된 대표적 기업 중 하나다.

다만, 비노조기업이 초일류로 성장할 가능성이 더 높은 것은 사실이다. 이는 앞서 말한 것과 같이 유연성의 흐름과 상통한다. 초일류기업 중 비노조기업이 더 많다는 사실, 지엠GM과 같은 초일류기업이 노동조합과의 갈등으로 인해 무력해지고 있다는 사실, 보다 크게는 노동조합의 조직률이 계속 떨어지고 있다는 사실이 이를 반증한다.

둘째, 비노조경영은 노동조합이 있고 없음有無과는 차원을 달리하는 개념이다. '노동조합이 있느냐 없느냐'의 문제 보다, '기업과 노동조합 중 누가 노동자가 바라는 바를 채워줄 수 있느냐'의 문제가 비노조경영의 핵심문제이기 때문이다. 설사 노동조합이 조직돼 있다 하더라도 노동자가 노동조합보다 기업의 인적자원관리전략을 더 지지하고 있다면, 이는 넓은 의미에서의 비노조경영의 범주에 포함될 수 있다.

셋째, 비노조경영은 노동조합을 와해시키는 데 목표를 두어서는 안 된다. 노동조합 자체를 부정하는 것은 비상식이다. 노동조합이란 가장 자본주의적인 요소이기 때문이다. 노동조합은 자본주의 사회에서는 부정될 수 없는, 오히려 자본주의를 구성하는 하나의 제도다. 자본주의는 근본적으로 불평등을 초래한다. 그 불평등은 거시적 차원에서건 아니면 미시적 작업장에서건 항상 도사리는 위험이다. 불만은 대개 불평등에서 나온다. 만족스럽지 않은 상태를 극복하기 위해서는 어떤 형태이건 '힘'이 필요하다. 자본주의 200년의 역사에서, 그 힘은 노동조합으로 나타났다.

노동조합은 자본주의의 내재된 위험을 제거하는 중요한 기제다. 따라서 노동조합을 부정하고 회피하는 것은 가장 소극적이고 불안정한 비노조경영이다. '소극적'이란, 경영의 목표가 '무노조'에 있음을 의미한다. 무노조는 경영의 목표가 될 수도 없고, 되어서도 안 된다. 무노조가 경영의 목표가 되면, 항상 불만족을 동반한다. 그렇기에 노동조합 회피형 비노조경영은 불안정하다. 월마트의 무노조는 회피형 비노조경영의 단적인 예다. 시간당 임금이 10달러 수준밖에 되지 않고 초과근무에 대한 수당을 주지 않아 소송으로 번지는 사례도 많았다. 노동조합의 설립이 감지되면 전쟁상황실War Room이 만들어질 정도로 노동조합에 대해 적대적이고, 노동조합이 설립됐다는 이유로 투자를 포기하기도 한다. 결국, 미국노동총동맹과 관련 노동조합들로 하여금 월마트 반대운동을 세계적으로 펼쳐 나가게 만들었다. 무엇보다도 지역사회에서 월마트의 입점을 반대할 만큼 모든 층의 저항을 불러일으켰다. 한국과 같이 노동권이 헌법에 기본권으로 명시된 경우에는 회피형 비노조경영은 더욱 심각한 결과를 초래할 수 있다. 인간으로서의 기본적 권리를 부정하는 기업을 누가 환영할 것인가? 오히려 부작용만을 초래한 채, 기업을 총체적 위기로 몰아넣을 위험도 있다.

비노조경영은 기업과 노동조합이 – 실존하는 노동조합이거나 노동조합 설립의 가능성 – 종업원 또는 노동자의 지지를 획득하기 위해 경쟁하는 체제를 의미한다. 기업이 선진적 전략을 통해 종업원의 지지를 획득하면, 노동조합의 유무와 상관없이, 비노조경영이 실현되는 것이며, 노동조합이 노동자의 지지를 얻어낸다면 그 반대가 될 것이다.

보다 거시적인 차원에서, 비노조경영과 노조경영의 경쟁도 지켜볼 필요가 있다. 누가 더 우월한지에 대한 단언은 다소 미뤄놓을 필요가 있을지 모르겠다. 앞으로 양체제들 간에 건강한 경쟁을 부추겨야 하기 때문이다.

제3의 길, 노동의 반격인가, 유연성의 추인인가?

세계화 흐름이 지속되자 사회민주주의를 추구하는 일부 노동진영은 '제3의 길'을 모색하기 시작했다. 기든스는 제3의 길은 세계화에 적응할 수 있는 새로운 사회주의를 구현하는 길이라 주장했다. 새로운 사회주의를, 그는 신자유주의와 구식 사회민주주의를 모두 극복하는 사고와 정책으로 정의했다.[4] 이는 토니 블레어의 영국 노동당의 정책으로 구현된다.

그러나 블레어의 노동정책은 대처주의와 다르지 않았다. 블레어는 집권 후 대처정부가 만든 노동조합을 제한하는 법과 제도를 그대로 두었다. 오히려 보수당의 전임 총리였

4) 기든스 (2003)

던 존 메이어가 완성하지 못한 철도 민영화와 항공관제 민영화를 이뤄냈다. 소득세 감면정책도 대처의 정책을 그대로 수용했다. 최근에는 영국의 최대 공공부문 노동조합인 유니슨Unison이 '공공부문의 파괴적 개혁'을 거부하는 대규모 파업을 벌여 곤경에 처하기도 했다.5)

독일에서도 비슷한 일이 벌어졌다. 젊은 시절 좌파를 표방했던 슈뢰더의 개혁정책도 노동조합의 반대에 부딪혀 결국 좌절됐다. 슈뢰더가 표방한 '중도의 길'은 아젠다 2010으로 대표되는 노동시장 개혁이 그 핵심이다. 실업수당을 축소하고 해고자보호를 완화했으며, 중앙집중적 산별교섭체제도 개혁했다. 그러나 슈뢰더는 노동진영의 저항을 극복하지 못한 채, 동독 출신의 메르켈에 패배하고 물러나고 말았다.

'제3의 무엇'이란 대부분 매력적이다. 그러나 그 제3의 무엇이 성공하는 예는 별로 없다. 근본적인 원인은 제3의 무엇은 대부분 실체를 갖지 않는 '절충'에 불과하기 때문이다. 제3의 길은 다양한 절충을 만들어냈다. 대표적인 절충의 예는 유연안정성Flexicurity. 유연안정성은 유연성과 안정성이라는 모순되는 개념을 통합시켜 놓았다. 한편으로는 유연성을 추구하면서, 또 한편으로는 안정성을 추구한다는 것이 그 골자다. 독자들도 이미 눈치챘겠지만, 이는

5) Guardian (2006)

현실적으로 통합될 수 없는 무엇이다. 노동의 유연한 활용과 고용안정이 어떻게 동시에 이루어질 수 있을 것인가? 가능하지 않다. 노동의 유연한 활용은 상시적 실업을 만든다. 작업장 차원에서의 고용안정은 가능하지 않다. 작업장 차원을 넘어서는 노동시장 차원에서의 고용안정은 어떤가? 노동시장 내에서의 고용안정이란 하나의 직장에 평생토록 고용되는 것을 의미하지 않는다. 어떤 직업이라도 상시적으로 갖고 있는 것을 의미한다. 이를 위해서는 다양한 직업을 넘나들 수 있는 역량을 갖춰야 한다. 보다 근본적으로는 항상 노동을 수요하는 부문이 성장하고 있어야 한다. 뿐만 아니라, 그 성장의 폭도 실업을 수용할 수 있는 수준이어야 한다.

그러나 '고용 없는 성장Jobless Growth'이라 불릴 만큼, 성장과 고용의 상관관계는 줄어들고 있다. 이는 노동의 질이 높아졌기 때문이다. 지식사회는 노동에 대한 의존성을 높인다. 가치를 창출하는 데 있어 전통적인 자본보다 노동의 역할이 크기 때문이다. 그러나 노동의 역할이 커진다는 의미는 수적으로 많은 노동자를 필요로 한다는 것을 의미하지 않는다. 다양한 역할을 제대로 수행할 수 있는 질 높은 노동에 대한 의존성이 높아진다는 것을 의미할 뿐이다. 핵심인재라 일컬어지는 핵심노동에 대한 의존성이 높아지는 것을 뜻한다. 이는 외려 노동자의 수를 증가시키는 것과는 상반된다. 노동에의 의존성이 강화되는 것은 결국 불필요한 노동을 줄이고 핵심노동에 대한 투자를 증가시킨다. 유연성의 시대는 핵심노동에 대한 투자를 높이되 주변노동에 대한 유연성을 강화하는 것을 그 골자로 한다.

제3의 길은 시장주의와 사회주의의 절충을 시도한다. 사회민주주의의 새로운 변화를 모색한다. 이 역시도 내용 없는 절충에 불과하다. 어쩌면 지난 날의 사회민주주의가 가능했던 이유는 자본주의의 잉여에 기반했기 때문인지도 모른다. 그 잉여가 사라져 가는 상황에서 사회주의적 보완은 더욱 허약해질 수밖에 없다. 외려 제3의 길로 표방되는 정책들의 공통점은 세계화의 흐름과 시장논리를 수용하고 있다는 점이다. 굳이 절충이라 한다면, 시장우위의 절충인 셈이다.

제3의 길은 갈등과 협력을 절충한다. 타협은 그 산물이다. 그러나 타협은 언제나 이루어질 수 있는 무엇이 아니다. 타협이 가능하기 위한 조건은 갈등하는 당사자의 힘의 균형이다. 힘의 균형이 깨진 상황에서는 힘의 우위를 갖는 자는 타협을 시도하기보다는 힘을 이용한 지배를 선호할 것이다. 지금의 자본과 노동은 균형 잡힌 힘을 갖고 있지 않다. 이런 상황에서의 타협은 실현 가능하지 않은 허구에 불과하다.

다만, 한 가지 짚고 넘어갈 점은 힘의 불균형이 항상 지배-피지배의 관계를 낳는 것은 아니라는 사실이다. 한 당사자가 다른 당사자에 대해 절대적 우위를 점하지 않는 경우에 그렇다. 절대적 우위를 갖지 못한 당사자는 힘에만 의존할 수 없다. 왜냐하면, 힘을 행사하여 얻을 수 있는 것보다 더 큰 손실을 입을 수 있기 때문이다. 군사학에서는 테러나 게릴라 같은 비정규군의 힘이 배가되는 상황을 비대칭전asymmetric warfare이라 부른다.[6] 전통적인 대규모 군대나 무기는 사용할 수 없는 무기가 되는 반면, 약자라 하더라도 강자에게 커다란 타격을 줄 수 있는 새로운 형태의 비대칭전이 늘고 있다고 한다. 실제로 전면전이 일어난다면, 열세에 있는 당사자는 패배할 수밖에 없다. 그러나 전면전으로 인해 잃는 것이 얻는 것보다 크다면, 힘의 우위를 갖는 자라도 이를 불사하긴 힘들다. 노사 간 힘의 불균형이 계속되면, 파업은 노사관계의 비대칭전이 된다. 작은 파업으로도 기업에 막대한 생산차질을 초래할 수 있으며, 전략적인 산업의 경우에는 국민경제 전체를 위험에 빠뜨릴 수도 있기 때문이다. 다만, 비대칭 균형을 유지하고 타협을 이끌어내기 위해서는 여론으로부터 지지를 받아야 한다. 노동운동이 지금의 열세를 극복하고 효과적인 타협의 주체로 서기 위해서는 여론으로부터 지지 받을 수 있는 가치와 실천적인 프로그램을 마련해야 한다.

6) 김준형 (2004)

제3의 길은, 적어도 지금까지는, 실현 가능성이 부족한 원칙 없는 절충에 불과해 보인다. 성공할 수 있는 조건이 갖춰져 있지 않은 상황에서, 위기를 돌파하기 위한 노력은 결국 시장주의의 강화라는 모습으로 귀결됐다. 새롭게 모색했던 제3의 길이 노동의 반격이라기보다는 유연성의 추인일 수밖에 없는 이유는 이 때문이다.

참 고 문 헌

- 김준형 (2004), "이라크전쟁 이후 미국은 우리에게, 또 세계에게 무엇인가" 아세아연구, 아세아문제 연구소
- 앤서니 기든스 (2003), 한상진 · 박찬욱 옮김, 제3의 길, 생각의 나무
- 신은종 (2005), "비정규노동의 자발성에 관한 경험적 연구" 인사 · 조직 연구, 한국인사관리학회
- 에릭 홉스봄 외 (1999), 노대명 옮김, 제3의 길은 없다, 도서출판 당대
- E. P. 톰슨 (2000), 나종일 등 옮김, 영국노동계급의 형성(상 · 하), 창작과 비평사
- Bailey, Thomas, Peter Breg, Carola Sandy (2001) "The Effect of High-Performance Work Practices on Employee Earinings in the Steel, Apparel, and Medical Electronics and Imaging Industries", Industrial and Labor Relations Review, Vol 54(2)
- Guardian (2006) "TUC backs public sector strikes" (Helene Mulholland, Sept. 11. 2006)
- Pfeffer, Jeffrey (1995) "Producing sustainable competitive advantage through the effective management of people" Academy of Management Executive 9(1)

■ 본문의 사진 중, 도요타 광고 사진은 http://www.toyota.co.kr에서 인용했으며, 칼리피오리나 전회장 사진은 http://www.online.wsj.com에서 인용했다.

비대칭 균형의 노사관계를 위하여

쉘 위 댄스?

캄캄한 방. 동그란 조명이 동그랗게 모여 있는 사람들의 얼굴을 하나씩 비추며 돌아가고 있을 뿐, 침묵은 죽음처럼 고요하기만 하다. 마지막 춤을 출 상대를 찾는 여인의 얼굴에는 초조함이 가득하다. 조명이 몇 차례 돌았지만, 여인이 기다리고 있는 사람의 모습은 보이지 않는다. 초초한 긴장이 체념으로 바뀌려는 순간, 배꼼이 열린 문이 침묵을 깬다. 천천히 돌아가던 조명은 되돌아 문을 열고 들어선 사내의 얼굴에 멈춘다. 조명에 눈이 부신 사내가 얼굴을 찡그리는 순간, 여인의 눈빛은 환희로 빛난다. 천천히 다가서는 여인 뒤로 또 하나의 조명이 다소곳이 따라온다. 여인은 사내에게 손을 내민다. 쉘 위 댄스? 사내는 머뭇거리며 손을 잡는다. 환호성과 함께 쉘 위 댄스 음악이 흐르고 무거웠던 침묵은 환희로 바뀐다. 둘은 음악에 몸을 실어 아름다운 춤사위를 풀어낸다. 모두가 춤을 춘다. 모두의 얼굴은 행복으로 가득 하다.

1997년 개봉된 수오 마사유키 감독의 영화, 쉘 위 댄스 마지막 장면이다. 일본의 국민배우로 불리는 야쿠쇼 코지가 샐러리맨을 맡았고, 일본 발레계의 프리마돈나, 쿠사카리 타미요가 상대역을 맡아 열연했다. 수오 감독은 사교춤이라는 일본 사회가 허용치 않았던 하위문화와 일상에 찌든 샐러리맨을 결합시켜 산업사회에서의 인간의 무기력증과 신뢰문제를 차분하게 풀어냈고, 1997년 최고 영예인 일본 아카데미상을 수상한다.

영화의 여운이 길게 남아 있는 이유는 사교춤이라는 도발적(?) 아이디어의 참신함 때문이기도 하지만, 이를 통해 신뢰라는, 인간의 근본적 문제를 제기했기 때문이다. 아름다운 춤은 신뢰의 산물이다. 파트너들이 서로 신뢰하지 않으면 춤의 아름다움은 생산되지 않는다. 그러나 춤에 있어 무엇보다 중요한 신뢰는 춤이 갖는 고유의 규칙에 대한 믿음이다. 행위자들이 규칙을 신뢰하지 않는다면, 춤은 근본적으로 가능하지 않기 때문이다. 규칙은 상대의 행동을 예측하게 한다. 예측 가능성은 안정된 춤사위를 낳고, 이들의 결합은 균형 잡힌 아름다움을 낳는다.

노勞와 사使는 세계화 시대라는 새로운 규칙에 맞춰 새로운 춤사위를 보여야 할 때다. 성장과 고용, 분배와 복지라는 아름다운 춤사위는 노와 사의 신뢰에 달려 있다. 노와 사 모두, 신뢰의 중요성을 알고 있다. 그러나 신뢰문제만큼 인식과 실천의 괴리가 큰 문제도 없다. 더구나 권위주의로 왜곡된 한국 노사관계의 역사를 감안한다면, 노사에게 신뢰하라고 주문하는 것 역시 쉬운 일은 아니다. 현실이 이렇다 하여, 신뢰문제를 피하면서 노사관계를 이야기할 수도 없는 노릇이다. 신뢰문제를 풀 수 있는 매듭은 어디서 찾아야 하나? 당사자들 간의 신뢰는 우선 접어두자. 불신의 원인 중 치유가 가능한 것부터 찾아 매듭을 풀어야 하기 때문이다. 그 매듭은 '규칙에 대한 신뢰'다. 아름다운 춤사위의 처음은 춤의 규칙에 대한 당사자들의 신뢰에서 시작하는 것처럼, 생산적 노사관계 역시 노사관계의 규칙에 대한 신뢰를 회복하는 데서 시작된다고 볼 수 있기 때문이다.

'죄수 딜레마'와 규칙에 대한 신뢰

메릴 플러드와 멜빈 드래셔가 발견하고, 후에 앨버트 터커에 의해 정립된 '죄수 딜레마' Prisoner's Dilemma는 게임 당사자들이 어떻게 신뢰를 형성하는가를 밝힌 것으로 잘 알려져 있다. 그 대강은 이러하다.

공범자인 두 명의 죄수들이 서로 소통할 수 없는 공간에 갇힌다. 간수는 자백하는 죄수에 대해 최대한의 선처를 약속한다. 그러나 다른 죄수가 자백했을 경우, 자백하지 않은 죄수는 종신형 이상의 무거운 처벌을 받는다. 죄수들은 어떻게 행동할까? 자백을 강요하는 상황이니, 기소할 만한 명확한 물증은 간수도 없는 상태. 그러나 죄수들은 서로를 신뢰하지 못한 채 자신들만의 합리성을 선택한다. 결국 두 죄수는 자백을 선택하고 최대한의 선처를 받아 1년 형을 받는다.

죄수들에게 가장 합리적인 선택은 서로 협력하여 묵비권을 행사하는 것이다. 물증이 없기 때문이다. 그러나 간수는 서로 협력할 수 없도록 소통이 단절된 공간에 죄수들을 가둔다. 소통이 단절된 상황에서, 공범자인 죄수들은 서로를 신뢰하지 못한 채 간수가 제시한 선택지 내에서 최선을 선택한다. 이 '제한된 합리성'으로 인해 죄수들은 방면될 수 있는 기회를 잃은 채, 서로를 파멸로 몰아넣는다.

그러나 똑같은 게임이 반복된다면 어떻게 될까? 다음 상황을 생각해 보자. 형기를 마친 죄수들이 출소 후 다시 만났다. 옛이야기를 하던 중 간수에게 속았음을 간파한다. 서로 신뢰하지 못했던 자신들의 행동을 후회한다. 그후 둘은 또다시 절도를 공모했다. 그러나 운이 나쁜 탓인지 또다시 용의자로 지목돼 수사를 받게 됐다. 그런데 1년 전 그 간수가 다시 나타나 똑같은 제안을 하는 것이 아닌가? 이때 공범자인 두 죄수는 어떻게 행동할까? 적어도 과거의 실수를 되풀이하지 않을 것이다. 결국 두 죄수는 묵비권을 행사할 것이고, 물증이 없는 간수는 이번에는 방면할 수밖에 없을 것이다. 이처럼 반복되는 게임에서는 죄수 딜레마는 성립하지 않는다. 똑같은 게임이 반복되면 행위자들은 협력하는 것이 최선이라는 믿음을 갖게 되기 때문이다. 결국, 모두가 이기는 윈-윈Win-Win 게임을 하게 된다.

한국의 노勞와 사使는 종종 딜레마에 빠진 죄수에 비유된다. 그러나 죄수 딜레마의 논리가 그대로 적용되지 않는 것 같다. 노와 사는 해마다 단체교섭이라는 게임을 '반복'한다. 파업도 '반복'된다. 파업으로 인해 사용자는 막대한 손실을 입는다. 때론 파산의 위기에 직면하기도 한다. 노동조합 역시 파업으로 인한 구속과 해고, 막대한 금액의 손해배상과 가압류, 기대보다 낮은 임금, 파업참여자와 미참여자 간의 갈등, 왕따문화와 같은 막대한 비용을 치른다. 노와 사, 모두 터커의 죄수가 된 듯하다. 우리의 노사勞使도 불신으로 인한 파국이 가져오는 결과를 알고 있다. 적어도 1987년 민주화 이후 20년 동안 노사관계의 게임을 경험했기 때문이다. 그럼에도 불구하고 터커의 죄수들이 형성한 '신뢰' 를 만들지 못하는 이유는 무엇일까?

몇 가지의 이유를 생각해 볼 수 있다. 첫째, 파국으로 인한 비용의 크기가 다르다는 점이다. 사용자는 비록 경제적 손실이 있을지는 모르나, 노동조합에 끌려다녀서는 안 된다는 생각이 더 클 수 있다. '기氣싸움' 에서 져서는 안 된다는 것이 경제적 손실보다 더 큰 효용일 수 있다. 노동조합도 마찬가지다. 게다가, 파업의 과정에서 조합원들 간의 연대를 더욱 공고히 할 수 있고, 노동조합 간부를 훈련시키는 장으로 활용할 수 도 있을 것이다. 정치적 영향력을 높이는 계기로 삼을 수 있는 장점도 있을 수 있다.

둘째, 더 중요한 사실은 '간수' 가 제시한 '규칙' 에 대한 신뢰가 없다는 점이다. 죄수 딜레마 게임에서의 간수는 규칙을 일관되게 관철하는 관리자다. 죄수들은 간수의 말을 믿는다. 보다 정확하게는, 간수가 제안한 그 규칙을 신뢰한다. 규칙에 대한 신뢰는 예측 가능성을 준다. 그리하여 죄수들은 서로 신뢰하고 협력하는 것이 최선의 결과를 가져온다는 믿음을 갖게 된다. 그러나 한국 노사관계에서의 규칙은 적어도 간수의 규칙만큼 일관돼 보이지 않는다. 파업기간 중 임금은 파업 후 타결격려금으로 지급되는 경우가 다반사다. 노동자에게 파업은 사용자에게 경제적 타격을 줄 수 있는 가장 강력한 무기다. 그러나 파업을 감행한 노동자는 무노동無勞動으로 인한 임금손실을 감내해야 한다. 무분별한 파업을 제한하기 위한 노사관계의 논리이기도 하다. 그러나 무노동 무임금이라는 노사관계 규범은 대개 지켜지지 않는다. 사용자들의 부당해고나 부당노동행위에 대해서도 처벌의 일관성이 없어 보인다. 건강한 노동조합 활동을 무력화하기 위해 무분별한 해고나 부당노동행위를 남발한다면 노사관계 역시 건강해질 수 없다. 노사관계법이 '떼법' 이라는 누명을 쓰고 있는 것도 이런 이유다. 떼만 쓰면 모든 것이 다 된다는 한 경영계 인사의 말은 과장돼 있지만, 없는 사실은 아니다.

노사의 불신이 큰 우리의 상황에서, 불신의 한 매듭을 푸는 열쇄는 신뢰할 수 있는 규칙을 만들어내는 데 있다. 규칙에 대한 신뢰는 당사자의 동의에서 나온다. 그러나 노사관계를 조금이라도 아는 사람이라면 노와 사가 동의하는 규범을 만든다는 것은 불가능에 가깝다는 것을 잘 알 것이다. 이럴수록 시대정신과 흐름에 부합하는 원칙을 찾아내고, 이에 맞는 규칙을 만들어내는 것이 필요하다. 경제가 어렵다거나 노사가 아직 성숙하지 못하다는 따위의 상황논리에 이끌려서는 안 될 일이다. 외환위기 이후 우리 경제가 언제 좋았던 적이 있었는가? 규칙을 세운 후에는 일관되게 지켜나갈 수 있어야 한다. 노사의 자발적 노력이 필요하겠지만, 감시자의 역할 또한 매우 중요할 것이다. 터커의 간수는 권위를 갖고 있다. 그 권위는 규칙의 일관된 집행에서 나온다. 규칙에 대한 신뢰의 근거는 여기에 있다. 간수의 규칙에 동의한 적이 없는 죄수들이지만 그 안에서 자신의 합리성을 찾아나갔다. 처음에는 서로 파국을 맞이했지만, 반복되는 게임에서 그들은 신뢰에 대한 가치를 이해했고, 협력으로 서로의 효용을 극대화하는 방법을 찾아냈다. 처음의 학습비용은 그리 크지 않다. 신뢰라는 복잡한 문제를 풀 수 있는 열쇠 중 하나는 여기에 있을지 모른다.

시대의 변화, 노사관계의 변화

노사관계의 두 세기는 시대에 맞는 규칙을 찾아가는 변화의 세기였다. 시장경제의 변화에 따라 노사관계는 적응과 부적응을 반복하며 변화해 왔다. 19세기 초 경쟁자본주의 하에서는 '저항의 노사관계'가 형성됐다. 신흥자본가들은 낮은 임금과 장시간 노동을 강요하며 부를 축적했고, 노동자들은 극심한 착취에 맞서 최소한의 생계를 꾸려나가기 위해 저항했다. 그러나 그 저항은 자생적이고 산발적이었을 뿐 조직적이지 못했고, 그 목표도 생계유지를 위한 근로조건 개선에 그치고 말았다.

19세기 말에 이르러 경쟁자본주의가 독점자본주의로 전환되면서, 저항의 노사관계는 억압구조를 타파하기 위한 '투쟁의 노사관계'로 발전한다. 이제 노동자들은 산발적 저항을 넘어 조직적 투쟁을 벌여나가는 '조직노동Organized Labor'으로 성장한다. 산업을 지배하는 거대 독점자본에 맞서 산업별 노동조합을 결성하고, 저임금과 장시간 노동을 개선하는 투쟁을 체계적으로 전개했다. 뿐만 아니라, 자본주의에 내재된 불평등에 눈뜨기 시작하면서, 노동착취가 없는 새로운 세상에 대한 청사진을 제시하고, 이를 달성하기 위한 정치투쟁도 벌여나갔다. 투쟁의 노사관계는 투쟁 동력을 갖는 노동자 조직을 건설한 점, 자본주의의 불평등에 대한 과학적 인식에 기초하여 거시적인 투쟁 목표를 제시한 점에서 저항의 노사관계보다 한 단계 발전된 것으로 평가할 수 있다.

20세기 초, 두 차례의 전쟁과 유례없는 공황을 거치는 동안, 노동조합은 명분보다는 실리를 추구했다. 1917년 소비에트 혁명으로 현실사회주의가 등장했음에도 불구하고, 노동조합은 자본주의의 근본적 개혁보다는 실현 가능한 실리를 추구했다. 제한적이나마 노동기본권의 신장을 이루었고, 거시경제의 운용자로 참여할 수 있는 권리도 부분적으로 확보했다. 그러나 그 실리는 노동대중 보다는 노동조합 상층부를 위한 것이었다. 그 결과 노동운동은 상층과 하층의 괴리라는 문제를 잉태하기 시작했다.

제2차 세계전쟁이 끝나면서 자본주의는 황금기를 맞는다. 노사 모두 불만이 없던 시대였다. 자본은 파괴로 인한 기회를 놓치지 않았고, 노동은 그 과실의 일부를 공유했다. 대량생산을 위한 포드주의 자본주의가 발전하면서, '타협'이라는 규칙을 갖는 '교섭주의 노사관계'가 만들어졌다. 교섭은 매우 '쉬운' 어떤 것이었고, 교섭 뒤엔 반드시 인상된 임금과 복지가 따랐다. 평생직장이나 안정된 고용은 당연한 것일 뿐, 어떤 이도 이를 의심하지 않았다. 그러나 그 이면에는 노동의 소외라는 새로운 문제가 똬리를 틀고 있었다. 그 소외는 노동조합의 상층과 하층 간의 괴리를 더욱 심화시켰다. 그럼에도 불구하고, 노동조합은 이를 '문제'로 인식하지 못한 채 1970년대 위기를 맞고 만다.

70년대 위기는 누구도 예상치 못한 위기였다. 석유위기로 촉발된 위기는 포드주의 자본주의를 빠르게 해체시켰다. 대량생산체제가 무너지면서, 대량고용도 무너졌고, 뒤이어 노동조합도 무너지기 시작했다. 위기의 시대는 새로운 규칙을 요구했다. '교섭주의'는 더 이상 유효한 규칙이 되지 못했다. 교섭을 위한 잉여도, 교섭을 하고자 하는 이의 능력도 없었기 때문이다. 스태그플레이션의 장기화로 위기가 심화되자, 노와 사는 위기 타개를 위해 새로운 타협이 필요해졌다. 당시 위기 속에서도 약진을 거듭하고 있었던 일본의 경험에서 '노동자의 경영참여' 라는 생소한 가치를 발견하면서, 노동조합은 임금과 고용안정을 포기하는 대신 경영자는 노동자에게 경영참여를 허용하는 대타협을 이룬다. 경영참여를 매개로 한 새로운 타협은 위기에서 벗어나고자 하는 노와 사의 새로운 모색이었지만, 노동자에게는 어떤 것도 보장하지 않는 '어설픈 타협' 에 불과했다.

1980년대에 들어 '유연성' 이라는 새로운 시대논리가 등장했다. 무역장벽이 제거되고 상품뿐만 아니라 자본과 기술의 이동이 자유로워졌다. 이른 바, 세계화의 시대가 개막됐다. 세계화로 인해 경쟁이 심화되면서, 기업은 생존을 위해 유연화 전략을 추구했다. 포드주의 자본주의는 유연성의 자본주의로 대체되기 시작했다. 노동시장 유연화가 빠른 속도로 진행됐고, 노동의 위기는 더욱 심화됐다.

세계화 시대의 노사관계–비대칭 균형

세계화 시대는 이전 시대와 다른 노사관계를 요구하고 있다. 세계화는 시장경제의 새로운 규칙이다. 그 규칙의 핵심인 유연성은 기업의 전략이기 이전에 세계화 시대를 살아가는 생존논리다. 노사관계 역시 세계화라는 거시적 흐름으로부터 자유롭지 못하다. 거대한 흐름은 거부한다 해서 거부되지 않는다. 앨빈 토플러는 최근 펴낸 부의 미래에서 "사회의 질서와 안정을 부여했던 제도들이 위기국면에서 제 기능을 발휘하고 있지 못하다"고 말하고 있다. 그 제도에는 학교, 병원, 가정, 법원 등과 함께 '노동조합'도 포함된다. 역사를 통해 본 것처럼, 노동조합은 자본주의 사회의 안정에 기여한 우수한 제도다. '교섭'을 통해 작업장의 갈등을 제도화하고 사회통합에도 기여했다. 임금인상과 고용안정을 이루어냄으로써 부의 불평등을 해소하고 '중산층'이라는 안정적 계층도 만들어냈다. 그러나 70년대 위기를 거치면서 탄생한 유연성의 자본주의는 이를 더 이상 용인하지 않았다. 그간 성공적으로 보였던 교섭주의 노사관계는, 지금은 제 기능을 발휘하지 못하고 있다. 세계화 시대에 접어들면서 교섭주의와 유연성의 불협화음은 더욱 심화되고 있다. 새로운 질서에 조응하는 새로운 노사관계가 형성되지 못했기 때문이다.

세계화 시대에 걸맞는 새로운 노사관계는 '비대칭 균형의 노사관계Asymmetric Balanced Industrial Relations'다. 유연성의 시대를 살고 있는 노와 사는, 전통적인 관점인 힘의 관계에서만 본다면, 비대칭적이다. 자본우위의 비대칭은, 적어도 유연성의 시대가 계속되는 한, 극복되기 힘들다. 그러나 비대칭관계가 노동의 완전한 몰락을 의미하지 않는다. 노동조합은 자본주의 시장경제의 자연스런 산물이며, 자본주의가 지속되는 한 노동조합운동도 지속되기 때문이다. 대부분의 국가는 낮은 노동조합 조직률을 보이고 있다. 그러나 노동조합은 자동차, 조선, 반도체 등 전략적 산업을 조직하고 있기 때문에 경제와 사회에 대한 영향력을 여전히 보유하고 있다. 힘의 비대칭 속에서도 균형을 이룰 수 있는 근거는 여기에 있다.

비대칭적 균형은 '최소한의 균형' 이다. 최소한의 균형은 자본주의라는 판을 뒤엎지 않는다는 동의에서 출발한다. 자본주의를 대체할 수 있는 보다 나은 경제시스템을 창조하지 못하는 한, '생존' 을 위해서는 지금의 자본주의의 근간을 유지해야 한다. 유연성이라는 시대적 흐름에 대해 '최소한의 동의' 가 필요한 것도 생존을 위해서다. 그러나 유연성은 양날의 칼과 같다. 한편으로는 생존을 위한 필요요소지만, 다른 한편으로는 모두를 공멸에 이르게 할 수 있는 위험요소이기도 하다. 모든 나라에서 보편적으로 발견되는 사회의 양극화는 유연성의 위험이다. 필요요소를 발전시키되, 공멸에 이르는 위험요소를 제거하는 것, 이것이 바로 지금의 시대가 부여한 노사관계의 시대적 사명이다.

비대칭 균형을 위해서는 노와 사 모두 자신의 역할을 새로이 해야 한다. 경영은 힘의 우위를 노동에 대한 절대적 지배로 몰고 가서는 안 된다. 절대적 지배는, 자본주의의 역사가 항상 말하는 것처럼, 불합리를 낳기 때문이다. 불합리는 저항을 불러일으킨다. 불합리에 대한 저항은 그 자체로 정당성을 갖는다. 유념해야 할 점은, 불합리에 대한 정당한 저항이 자칫 모두의 생존을 위협할 수 있는 상황으로 전개될 수 있다는 사실이다. 따라서 최소한의 균형을 유지하면서, 시장경제의 건강한 발전을 이뤄낼 수 있는 세련된 경영방식이 필요하다. 작업장 차원에서, 기업은 노동자와 건강한 파트너십을 형성하고 생산적인 경영참여 공간을 열어가야 한다. 사회적 차원에서, 기업은 책임에 민감해야 한다. 사회를 이끌어가는 주체 중 기업은 가장 역량 있는 주체다. 환경에 대한 책임을 지고, 사회에 대한 책임을 지고 나아가 경제적 발전을 이뤄낼 수 있는 지속 가능한 경영을 만들어 나가야 한다.

노동조합에도 새로운 사명이 요구된다. 과거에 성공했던 대립에 기초한 '교섭주의 노사관계'가 지금도 그대로 작동하리라 믿어서는 안 된다. 낡은 방식으로는 과거의 영광을 재현할 수 없다. 노동조합은 미래에 대한 새로운 청사진을 제시하는 사회제도로 거듭나야 한다. 작업장 차원에서, 노동조합은 건강한 파트너십을 만들고 생산적 참여를 이뤄낼 수 있는 역량있는 주체로 발전해야 한다. 경영진보다 경영환경의 변화를 먼저 읽어 낼 수 있어야 하고, 기업이 앞으로 나가야 할 방향을 구체적으로 제시할 수 있는 그런 역량이 필요하다. 노동자의 경영참여는 역량있는 노동조합, 역량있는 노동자가 전제돼야 한다. 공장이전이나 구조조정에 앞서 합의를 요구하고, 인사위원회에 참여해야 한다는 주장을 경영참여라 오인해선 안 된다. 새로운 시대가 요구하는 사명은 방어적 경영참여가 아닌 생산적 경영참여다. 사회적 차원에서의 노동운동은 시장경제의 폐해를 감시하고, 이를 극복할 수 있는 실천적 프로그램을 제시해야 한다. 세계화의 흐름을 수용하되, 극단적 신자유주의가 초래할 수 있는 폐해를 극복할 수 있는 대안을 만들어가야 한다.

시대가 요구하는 변화된 역할을 받아들인다면, 노와 사는 새로운 타협을 이룰 수 있다. 독일에서 발견되는 생산성 동맹을 보며 새삼 부러움을 느낀다. 아마도 우리 노사의 새로운 타협은, 어찌 이름을 붙이든 간에, 생산성동맹의 성격일 게다. 그 생산성 동맹은 공존을 위한 동맹이다. 거부할 수 없는 유연성이라면 적극적으로 받아들이는 것도 좋은 전략적 선택이다. 그러나 합의된 유연성은 노사공존을 위해 봉사해야 한다. 고용불안과 동의어가 되어버린 유연성에 새로운 의미를 붙여야 할 때다. 새롭게 정의된 유연성은 외려 고용을 창출하고 유지하는, 지속 가능한 고용안정과 동의어가 돼야 한다.

생산성 동맹은 새로운 노사문화 창출을 위한 동맹이기도 하다. 노사 모두는 다음 세대에 물려줄 소중한 노사문화를 창출해야 한다. 한강의 기적을 만들어내고 민주주의의 꽃을 피운 우리 노사가 지금의 갈등과 혼란을 물려주는 불행한 세대가 된다면 얼마나 억울한가. 누가 먼저 해야 한다는 식의 공방은 소모적 낭비만 초래할 뿐이다.

한국 노사관계, 2010년 이후

1. 노조법 개정, 미완의 시도

거듭된 번복과 반전

우여곡절 끝에 '복수노조 · 전임자임금' 논란이 일단락됐다. 아직도 크고 작은 논란 거리는 남아있지만, 개정 노조법은 당분간 한국 노사관계를 규율하는 새로운 질서로 자리 잡을 것이다. 새로운 규칙과 질서를 만드는 과정이었던 만큼, 노조법 개정은 반전이 거듭되는 혼란의 과정이었다. 새 질서에 대한 노사의 부담을 반영하는 것이리라.

지난해 9월 즈음으로 기억된다. 평소 잘 알고 지내던 선배 노동법학자는 "점괘가 나왔지만 아직은 말할 수 없다"

고 했다. 무슨 얘기냐면, 2010년부터 시행될 예정인 복수노조 허용과 전임자 임금 금지 문제가 어찌 될 것인가라는 질문에 대한 그 선배다운 답이었다. 당시만 하더라도 정말 점占을 쳐야 할 만큼 두 사안은 복잡한 '정치의 문제'였다. 지난 13년 간 노 · 사 · 정은 복수노조 허용과 노조 전임자 임금금지 원칙에 동의한다 하면서도 세 번의 유예를 반복했다. 이번에는 시행될 것이라는 예상이 있었던 반면, 또 다시 유예될 수도 있다는 의견도 만만치 않았다. 그러나 2009년 10월, 새 노동장관이 취임하면서 예정대로 시행될 것이라는 전망이 우세해지기 시작했다. 취임 후 첫 방문지인 서울메트로에서 임태희 노동장관은 '원칙대로 시행'을 못 박았고, 그 이후에도 노사가 어떤 합의를 한다 해도 유예는 받아들이지 않을 것임을 여러 차례 천명했기 때문이다. 13년이라는 시간의 무게도 컸을 것이다. 그래서일까. 많은 이가 '아마도'라는 전제를 달았지만 어떤 형태로든 내년(2010년)부터는 시행될 것이라 예상했고, 나도 그 중 하나였다. 이후 복수노조와 전임자 임금 문제의 해법을 찾기 위해 노 · 사 · 정이 분주해지기 시작했다. 2009년 11월에는 민주노총까지 참여하는 6자 회의가 구성됐고 여러 차례의 협상이 이어졌다.

협상이 난항을 거듭하던 중, 2009년 12월 4일, 예상과 달리 또 다시 유예에 대한 합의가 이루어졌다. 한나라당의 정치논리가 '중재'라는 이름으로 개입하면서, 허약한 한국노총과 한국경총, 그리고 노동부는 복수노조 허용을 2년 반 동안 유예하고 노조 전임자 임금금지도 2010년 7월부터 단계적으로 시행한다는 데 합의했다. 유예 없이 원칙대로 시행하겠다던 노동부가 말을 바꿨고, 국제기준까지 들먹이며 복수노조 허용을 주장했던 한국노총은 전임자 임금이라는 이익 앞에서 스스로를 부정했다. 경영계도 그리 편치 만은 않았다. 부담스런 복수노조 허용이 유예됐고, 전임자 임금도 금지됐으니 합의내용만을 본다면 경영계에게 다소 유리한 듯 해 보였다. 그러나 대기업에 대해서만 전임자 임금 금지를 유예하는 합의안에 대해 현대 · 기아차 그룹이 한국경총 탈퇴를 선언하며 반발했다.

또 한번의 혼란은 합의 후 불과 4일이 지난 12월 8일에 일어났다. 한나라당이 노 · 사 · 정 합의를 토대로 만든 노조법 개정안에 합의문에는 없었던 '통상적인 노동조합 관리업무'가 유급대상 업무에 끼어들었기 때문이다. 정책연대의 한 축인 한국노총의 입장을 무시하기 힘들었던 한나라당은 약속을 거스르고 합의안을 제멋대로 수정한 셈이다. 재계는 사실상 전임자 임금을 보장하는 것이라며 거세게 반발했다. 민주노총과 경영계의 반대가 계속되자, 12월 14일에는 한나라당 개정안을 중심으로 노 · 사 · 정 대표와 전문가가 참여하는 공청회가 국회에서 개최됐다. 추미애

환경노동위원장은 한나라당 수정안은 시대적 요구, 원칙, 노사의 이익균형을 담아내지 못하는 졸속안이라 평가절하하고 다자협의를 통해 '새로운 안'을 마련할 것임을 밝혔다. 이어 국회에서 재협의와 법안 심사소위의 심사가 진행됐고, 결국 12월 30일, 국회 환경노동위원회는 야당 의원이 불참한 가운데 '추미애 조정안'을 참석자 전원 찬성으로 통과시켰다. 해를 넘긴 새해 첫날 새벽, 김형오 국회의장은 이를 본회의에 직권 상정해 통과시킴으로써 13년간의 복수노조 · 전임자 논쟁은 일단락 됐다.

노조법 개정안이 통과되자 민주노총은 원천무효를 주장하며 거세게 반발했고, 민주당과 민주노동당이 가세했다. 민주노총은 "날치기 야합 법안은 복수노조의 근본취지를 무너뜨리는 교섭창구단일화는 물론 노조활동 말살을 위한 전임자 임금지급 금지, 타임오프제 등 12 · 4 야합안을 고스란히 이어받았다"고 비난했다(매일노동뉴스, 2009). 경영계도 반발했다. 한국경총은 "현행법이 시행될 경우 발생될 산업현장의 혼란과 갈등을 예방한다는 데 치중한 나머지 노 · 사 · 정 합의가 지켜지지 않은 것은 큰 유감"이라며 "전임자임금 지급금지 규정에도 불구하고 '기존 단체협약의 유효기간까지 효력 인정', '복수노조 시행 유예기간의 단축' 등은 무척 아쉽게 생각한다"고 논평했다 (매일노동뉴스, 2009).

현실의 긍정, 성찰적 전망

어느 때보다 밀도 높은 논의에도 불구하고 노조법 개정은 졸속으로 마무리됐다. 무엇보다 복수노조 유예와 창구단일화 강제는 건강한 노사관계를 형성하는 데 커다란 장애가 된다는 점에서 매우 유감스럽다. 그러나 유감에 앞서, 노조법 개정안에서 우리 노사관계의 수준을 본다. 당장의 이익 앞에서 자기부정을 서슴지 않는 표리부동한 한국노총, 국민에게 노동조합운동에 대한 신뢰를 주지 못한 민주노총, 팽배한 반노동조합 인식에 노무관리 자신감마저 결여한 재계, 노사관계를 경제정책의 부속물 정도로만 보는 빈곤한 철학을 갖는 정부, 갈등조정능력이라곤 찾아볼 수 없는 정치권. 여기에 국민들의 관심 부족과 인식 부재도 한몫 거든다. 이들의 총합이 개정된 노조법이다. 어쩔 수 없이 받아들여야 할 현실이란 생각에 답답함이 짓누른다.

노조법 개정 이후의 한국 노사관계는 어떻게 전개될 것인가? 지금의 현실과 우리의 수준을 긍정하는 일이 쉽진 않지만, 한 걸음이라도 떼기 위해서는 어쩔 수 없이 서 있는 땅을 딛어야 한다. 이제 노조법 개정 이후의 노사관계를 전망해야 한다. 그러나 전망이란 게 그리 녹록치 않다. 수 많은 변수, 복잡한 상호작용과 역학관계에 따라 다양한 상황이 연출될 수 있기 때문이다. 어쩌면 그 선배의 말대로, 전망을 위해서는 점괘를 동원해야 할 상황인지 모른다. 노사관계는 과학이라고 늘 믿어왔는데, 이번에는 과학보다는 주술에 의존해야 할려나 보다. 나도 이번엔 기꺼이 얼치기 점쟁이가 돼 보고자 한다. 점치는 일에는 젬병이인 내가 점괘를 동원하면서 까지도 어설픈 전망을 하고자 하는 이유는 복수노조와 전임자 임금에 대한 사고의 비과학非科學과 우려의 과잉이 판치기 때문이다. 그렇기에 지금의 전망은 이에 대한 성찰에서 시작돼야 한다. 적어도 그 전망이 작은 의미라도 가지려면.

2. 복수노조 허용과 그 이후

배회하는 유령, 복수노조

13년의 유예에 이어 또 다시 1년 반이 유예된 복수노조. 그 동안 복수노조는 유령처럼 한국 노사관계를 배회했다. 복수노조는 노사관계 혼란과 동의어처럼 돼 버린 듯하다. 복수노조 허용이 혼란을 초래할 것이라 주장하는 이들의 가정은 이러하다. 복수노조가 허용되면 사업장에 이런 저런 노동조합이 난립할 수 있다는 것. 그러나 얼마나 많은 새로운 노동조합이, 왜 출현할 것인가에 대한 고민은 깊지 않다. 가능성의 과장이 확증편향Confirmation Bias으로 발전한 것뿐이다(하노 벡, 2009). 확증편향이란 정보를 선택적으로 받아들이고 해석하며, 한번 형성된 정보가 불변의 가치로 자리 잡는 경향을 말한다. 복수노조에 대한 우려는 이러한 확증편향의 결과일 뿐이다.

복수노조가 출현할 수 있는 경로를 살펴보자. 우선, 기존 노동조합의 분화 가능성이다. 우리나라 노동조합은 상급단체(민주노총 · 한국노총)나 강온強溫성향에 따라 분할돼 있기 때문에, 복수노조가 허용되면 기존의 노동조합이 이에 따라 분화될 가능성이 있다. 예를 들어 강성노조가 지배하던 사업장에는 온건노조가, 반대로 온건노조가 지배하던 사업장에는 강성노조가 새로운 노동조합을 만들며 진입하는 식이다. 그러나 이러한 교차적 분화는 조직자원이 풍부하고 현장조직이 잘 발달한 일부 대기업에서나 가능하다. 조직자원을 나누어 제대로 된 노동조합을 운영하려면 조합원 수는 적어도 1,000 명 정도는 돼야 한다. 우리나라의 경우, 1,000명 이상 조합원을 가진 노동조합은 3.5%에 불과하고, 이중 현장조직이 발달한 노동조합을 꼽는다면, 기존 노동조합이 분화할 가능성은 그만큼 낮아지게 된다. 이 가능성도 노동조합들 간에 조직경쟁이 심화된다는 것을 전제할 때 그렇다. 많은 이들이 노동조합끼리 과도한 조직경쟁을 할 것이라 예상하지만 근거가 희박한 추측일 뿐이다. 노동조합은 연대의 산물이다. 조직경쟁으로 조직자원을 분할 · 지배하는 상황을 조합원들이 용인할지 의문스럽다. 자연히 노동조합의 힘이 줄어들기 때문이다. 따라서 기존 노동조합이 두 개 이상의 노동조합으로 분화될 가능성은 매우 제한적일 뿐이다. 한 번의 시도는 가능할 수 있지만, 시간이 지남에 따라 노동자들은 연대를 실천할 수 있는 하나의 노동조합으로 수렴될 것이다.

둘째, 지금까지 조직되지 않았던 새로운 노동자들이 노동조합을 조직하거나 가입할 가능성도 거론된다. 미조직노동자들은 사무직, 연구개발직, 비정규직이 대표적이다. 얼마 전 사석에서 만난 전자업계의 한 임원은 연구개발직이나 사무직 노동조합이 생길까봐 걱정된다 했다. 전자업계는 제품주기가 빨라지고 있어, 연구개발직이 노동조합을 조직한다면 회사 경영에 매우 치명적일 수 있다는 얘기도 덧붙였다. 그러나 복수노조가 금지된 지금도 사무직이나 연구개발직은 자유롭게 제2의 노동조합을 조직할 수 있다. 주로 생산직을 조직하고 있는 기존의 노동조합과 조직대상을 달리하기 때문이다. 따라서 복수노조 허용 이후에 이들이 새로운 노동조합을 조직했다면 이는 복수노조 허용 때문이 아니라 경영진의 갈등관리의 실패 또는 인사관리정책의 실패 때문일 게다.

물론 복수노조 허용의 간접적 효과가 있을 수 있다. 복수노조가 허용되면 노동조합 설립이라는 분위기가 형성될 수 있기 때문이다. 그러나 그 분위기가 미조직노동자들의 조직활성화로 직접 연결되는 것은 아니다. 노동조합이란 게, 조직도 어렵지만 운영도 쉬운 일이 아니다. 미국 노동총연맹AFL-CIO, 스와니 전위원장은 '조직하지 않으면 죽음이다 organize or perish'를 외치며 조직 확대에 박차를 가해왔다. 조직화 사업을 위해 예산을 확대하고 핵심활동가들을 대거 포진했다. 그러나 미국의 노동조합 조직률은 12%로 여태껏 제자리걸음이다. 노동조합을 조직하는 일이란 그 만큼 쉽지 않다는 얘기다. 노동조합 운영도 마찬가지다. 지속가능한 이익대표체로 성장하기 위해서는 조합원으로부터의 광범한 지지는 물론이고, 조합을 운영하는 활동가들의 역량, 고용안정에 대한 청사진, 여론의 지지, 사회적 가치와의 정합성 등 갖춰야할 조건이 많다. 복수노조 허용이 어떤 '분위기'를 만들지 모르지만, 사업장에 다수의 노조가 우후죽순 조직될 것이란 예상은 아마도 맞지 않을 게다. (너무 단정적인가? 그래도 어쩔 수 없다. 점괘라는 게 단정적이지 않으면 효험이 없으니 말이다.)

뿐만 아니라 새로운 노동조합을 조직하기 위해서는 노동조합의 실질적 효과에 대해 예비조합원이 확신하고 있어야 한다. 예를 들어, 고용불안이 심화되고 있는 상황에서 노동조합이 고용안정을 보장할 수 있다거나 임금 등 근로조건 향상에 도움이 된다는 확신 말이다. 그러나 지금의 노동조합 운동을 보면 미조직노동자들이 선뜻 노동조합을 선택할까 하는 의구심이 든다. 노동조합이 보장하는 임금 프리미엄 – 비조합원에 비해 조합원이 받는 임금의 상대적 차이 – 은 과거에 비해 현격히 떨어지고 있고, 노동조합이 고용안정을 가져다 줄 것이라는 믿음도 그다지 크지 않다. 고용위기의 시대가 시작된 지 꽤 오래됐지만, 노동조합은 고용에 대한 새로운 청사진을 내놓고 있지도 못한 상황이다. 과거의 '투쟁 · 교섭 전략'으로 미래의 고용안정을 보장할 수 있을 것 같지도 않다. 여기에 사무직, 연구개발직 등 비생산직노동자의 노동조합 가입성향을 고려하면 새로운 노동조합의 출현 가능성은 더 떨어진다. 일반적으로 생산직노동자에 비해 비생산직노동자들의 노동조합 가입성향 혹은 노동조합 친화성은 상대적으로 낮기 때문이다.

비정규노동조합의 활성화에 대한 전망도 그다지 밝지 않다. 비정규노동자 역시 복수노조 허용 여부와 상관없이 조직할 수 있는 대상이다. 그동안 노동계는 비정규노동자 조직에 많은 노력을 기울였다. 그러나 이들의 조직률은 아직까지 4%를 넘지 못하고 있다.

비정규직의 낮은 조직률은 정규직 중심의 기업별 노동조합주의에 기인한다. 정규직 조합원은 비정규노동자를 자신과 다른 노동자로 보는 경향이 있다. 원청회사의 노동자는 하청회사의 노동자를 연대의 대상으로 보지 않는다. 일부 사업장의 정규직 조합원들은 비정규노동자를 자신의 고용안전판으로 삼고 있기도 하다. 구조조정이 필요한 시기가 오면 비정규직을 먼저 정리하라는 것이다. 한국의 비정규 노동자는, 로즈마리의 개념을 빌리면 '이중빈곤화Double Proletarianization'의 상황에 처해있다. 이중빈곤화란 노동조합운동이 성장할수록 외려 노동계급 내의 특정 노동자군이 더욱 빈곤해지는 현상을 말한다(Rosemary, 1980).정규직 중심의 노동조합주의가 만든 노동자 내부의 '문화적 단절'을 복수노조 허용이라는 분위기로 넘어설 수 있지 못할 것 같다. 이미 노동자 아닌 노동자가 돼 버린 비정규노동자. 이들의 낮은 조직률은 복수노조 금지에 기인하기 보다는 이기의 덫에 사로잡힌 노동조합주의, 그 관성이 뱉어낸 문화적 단절 때문이다.

복수노조가 허용되면 무노조사업장에서 노동조합이 출현할 것이라는 예상도 섣부르다. 오랜 동안 무노조를 경험한 사업장의 경우, 나름의 이익대표체제를 운영하면서 (예를 들면 노사협의회) 노동조합 조직사업장과는 다른 문화가 정착돼 있는 경우가 많다. 따라서 노동조합이 새로이 진출하기에는 문화적 장벽이 매우 클 것이다. 특히, 강경투쟁을 주로 하는 노동조합이 진출하기에는 심리적 저항이나 장벽이 클 것으로 예상된다.

일부에서 제기하는 사용자 주도의 제2노조가 출현할 것이란 예상도 상식 밖이다. 복수노조체제 하에서는 어용노조에 대한 시비가 일상화될 가능성이 높다. 그 상황에서 사용자가 주도하는 제2노조가 영향력있는 노동조합으로 살아남기란 쉽지 않을 것이다. 설사 어용노조라 해도 항상 사용자의 말을 잘 따르리라고 기대하는 것도 현실적이지 않다. 노사관계는 생물처럼 변화하는 동태적 과정이다. 어용노조가 상황에 따라서 더욱 강경한 강성노조로 변화할 수도 있다. 상황과 논리가 이러하므로 사용자 주도의 제2노조가 출현할 것이라는 예상은 현실적이지 않다.

복수노조는 교섭비용을 증가시키는가?

복수노조가 허용되면 교섭의 혼란과 비용이 증가할 것이라는 우려가 팽배하다. 두 개, 세 개의 노동조합이 생기면 어떤 부담이 생길까? 교섭권이 한 개의 노동조합(예를 들어 과반수를 대표하는 노동조합)에 독점되지 않는 한, 여러 차례의 교섭이 불가피할 수 도 있겠다. 이를 두고 교섭비용이 증가해 작업장의 혼란이 야기될 것은 물론 기업의 경쟁력에도 커다란 부담이 될 것이란 얘기가 무성하다. 그러나 교섭비용이 증가한다는 말은 되짚어볼 필요가 있다. 여러 차례의 교섭과 절충을 비효율로 치부하는 인식은 올바르지 않다. 노동조합과의 교섭은 단순히 비용만은 아니다. 웹 부처Sydney and Beatrice Webbs의 산업민주주의론을 들먹이지 않아도 노동조합과의 교섭은 작업장 민주주의를 확장하는 과정이지 비용이 아니다. 소모적인 교섭이 지속된다면, 이는 여러 개의 노동조합이 존재하기 때문이 아니라 신의와 성실에 입각한 진지한 교섭이 이뤄지지 않기 때문이다. 이는 노사 모두에게 책임이 있는 것이기도 하고. 소모적 교섭을 지양하고 생산적 교섭을 위해 노사 모두 합리적인 교섭 문화를 만들어나가는 게 더 중요하지, 다소 시간과 인력이 들어간다 해 여러 차례의 교섭을 낭비로 보는 인식은 천박할 뿐이다.

노동조합과의 교섭을 통해 얻어지는 이득에도 주목할 필요가 있다. 사업장은 더 이상 물건을 만들고 이윤을 남기는 근대적 공장이 아니다. 노동자에게 사업장은 삶의 터다. 일을 통해 충만함을 느끼고, 정당한 보상으로 자신의 노동에 더욱 더 가치를 느끼며 자존감을 높여나가는 그런 터전이다. 200년이 넘는 역사를 써온 노동조합은, 물론 비판할 점이 많지만, 건강한 자본주의를 만들고 중산층을 형성하는 데 중요한 '제도'임에 틀림없다(앨빈 토플러, 2006). 노동조합과의 교섭은 회사의 건강도를 측정하는 리트머스 시험지이기도 하다. 노동자는 정말 최선을 다해 일하고 있는가? 경영자라면 모두가 재량적 노력Discretionary Efforts을 기꺼이 다하는 노동자를 원하지 않는가? 그렇다면 그들의 생각, 그들의 불만, 그들의 정서, 그들의 요구에 늘 귀 기울여야 하지 않을까? 교섭이라는 장만큼 노동자를 이해할 수 있는 장이 또 있을까? 때론 거칠게 표현되기도 하는 것이 교섭이라는 장이다. 그러나 그 거친 표현 뒤에 숨어 있는 노동자의 생각들은 교섭이 아니고서는 알기 힘들 때가 많다.

많은 독자들은 나의 생각을 순진하다 할지 모르겠다. 지금의 노동조합은 투쟁만을 일삼기 때문에 진정한 교섭이 이뤄질 수 없다는 생각을 할지도 모른다. 그렇기에 다수의 노동조합은 비효율을 가중시킬 것이라는 생각을 나도 모르는 바 아니다. 그러나 교섭파행이나 나아가 불신문화의 책임은 노동조합만의 몫은 아니다. 노사를 싸잡아 비판할 의도는 없다. 교섭비용의 문제는 노사가 모두에게 책임이 있다는 뜻이고, 노동조합만의 책임으로 돌리지 말라는 것이다. 그렇기에 노동조합이 늘어나는 것이 교섭비용을 증가시키거나 혼란만을 야기한다는 주장은 되짚어봐야 한다. 어쩌면 둘은 상관없는 일일 수도 있다. 합리적 교섭문화를 만들어 나갈 수 있는 새로운 파트너가 만들어질 수도 있지 않은가? 나는 노동조합을 믿는다. 지금의 노동조합의 행태는 비판받아 마땅한 일도 있다. 노동운동의 잘못된 모습까지 두둔하려는 생각은 추호도 없다. 다만, 노동조합은 한국 자본주의의 건강한 발전을 위해서도 없어서는 안 될 제도라는 점을 환기시키고자 함이다. 반복되는 위기에 노출된, 양극화를 기반으로만 성장할 수 있는 미국식 신자유주의, 결국은 모두를 공멸에 처하게 만들 위험한 자본주의를 극복하고 공동체주의가 살아있는 시장경제를 만들기 위해서 노동조합은 새로운 제도로 거듭나야 함을 강조하기 위해서다.

많이 양보해 그럴 수 있다고 치자 (점괘는 원래 양보하는 게 없지만 말이다). 교섭문화라는 게 쉽게 바뀌는 것은 아니니 당분간의 혼란을 예상하는 것도 무리는 아니다. 그러나 어찌하겠는가? 노동자가 스스로 그렇게 선택했다면, 그 선택이 헌법에 보장된 기본권 으로서의 노동권을 행사하는 것이라면, 그로 인해 비용과 혼란이 생겨도 이를 부정하기보다는 감내해야 하지 않을까? 이것이 헌법의 정신이다.

복수노조 허용과 노사관계의 시장

복수노조 허용은 노사관계의 시장이 형성됨을 의미한다. 시장을 조직하는 원리가 경쟁이듯, 복수노조 허용은 서로 다른 지향, 서로 다른 요구를 갖는 두 개 이상의 노동조합이 경쟁하는 체제가 형성됨을 의미한다. 노사관계의 시장은 노동조합들의 경쟁을 유발할 것이다. 그 경쟁은 더 많은 조합원을 확보하기 위한 노동조합의 구애求愛활동을 증가시킨다. 노동조합의 내부민주주의가 확보될 수 매우 중요한 환경이 형성된다는 의미다. 노사관계의 시장에서 보다 많은 조합원을 확보하기 위해 노동조합이 갖추어야 할 경쟁력은 무엇일까? 이념적 선명성, 경제적 실용성, 참여와 민주주의, 사회적 책임성, 따스한 비공식집단성, 고용안정을 위한 역량, 지속가능한 경영의 확립 등을 생각할 수 있다. 소비자가 상품을 고르듯, 조합원이 다양한 대표체제의 상품을 고른다. 이는 대규모 노동조합에서 나타나는 고질적인 병폐인 관료주의와 불투명성을 극복할 수 있는 계기를 마련할 것이다. 노동자들에 따라 이념적 선명성을 선택하는 이도 있을 것이고, 경제적 실용성을 선택하는 이도 있을 것이다. 이는 모두가 조합원이 판단해야할 고유한 영역일 뿐이다. 다만, 우리나라 노동조합원의 경제적 보수성을 고려할 때, 이념적 선명성을 선택하는 비중은 점차 낮아질 가능성이 크다.

노사관계의 시장은 복수노조 허용으로 더욱 다각화된다. 나는 이 책에서 노사관계의 구도가 바뀌고 있음을 지적했다. 포드주의 자본주의와 조응하는 교섭주의 노사관계에서는 노동조합과 사용자간의 대결구도가 심화됐다. 그러나 탈포디즘Post-Fordism으로 이행하는 과정에서는 노동조합-사용자 대결구도는 조합원 또는 기업의 구성원을 대상으로 "고용안정과 근로조건을 누가 더 잘 보장할 것인가"를 중심으로 노동조합과 사용자가 경쟁하는 구도로 바뀐다. 노동조합이 고용안정과 향상된 근로조건을 보장할 수 있다면 노동자는 노동조합을 선택할 것이다. 반면 기업의 선진적 인적자원관리정책이 자신들의 이익에 더 부합하다면 기업의 정책을 지지할 것이다. 복수노조체제에서는 경쟁의 주체가 복수의 노동조합과 기업으로 다각화된다. 다자구도로의 전환은 다양성의 힘을 발휘할 것이다. 대립과 투쟁의 구도를 벗어나 고용안정과 기업의 경쟁력을 균형있게 조화시킬 수 있는 다양한 선택지를 탐색할 기회를 제공하기 때문이다. 다자구도는 관계의 복잡성을 생산하기 때문에 노동조합간의 관계, 노동조합과 기업의 관계가 서로 얽히면서 때론 연합을 하기도, 때론 갈등하기도 할 것이다. 복수노조체제가 노동자의 근로조건 향상과 기업의 경쟁력을 균형있게 발전시킬 수 있는 지 여부는 결국 노사에게 달려있다.

복수노조 허용은 노사 모두에게 낯선 환경인 것은 분명하다. 우려의 과잉도, 우리의 갈등적 노사관계를 염두에 둔다면, 이해하지 못할 바 아니다. 그러나 노사가, 정부가, 국민이 그토록 비판했던 갈등관계를 복수노조 유예로 풀 수도 없는 일이다. 노사관계의 시장을 열어 노사가 건강하게 경쟁하게 하고 조합원들이, 기업의 구성원들이 선택할 수 있도록 할 때, 갈등적 관계를 근본적으로 풀 계기가 마련될 것이다. 당장에 일어날 갈등과 혼란은 어쩔 수 없는 대가일 뿐이다. 당분간의 혼란으로 갈등의 관계를 끝낼 수 있다면 해 볼만 하지 않은가.

3. 새로운 독점기제, 창구단일화의 역설

창구단일화의 비논리

내년 7월부터 복수노조가 허용될 예정이지만 교섭은 크게 제한된다. 복수의 노동조합은 교섭을 위해 창구를 단일화해야 하기 때문이다. 개정 노조법에 따르면 창구단일화는 복수의 노동조합이 자율로 결정하되, 자율적으로 단일화에 실패할 경우에는 조합원 과반을 대표하는 노동조합이 교섭권을 독점한다. 과반대표 노동조합이 없을 경우에는 노동조합들끼리 공동교섭대표단을 구성해 교섭에 임해야 한다. 공동교섭대표단 구성에 참여할 수 있는 노동조합은 전체 조합원의 10% 이상을 조직하고 있는 노동조합으로만 한정된다. 공동교섭대표단 구성마저 실패하면 노동위원회가 교섭대표를 결정한다.

창구단일화는 갈등의 덫이 될 것이다. 교섭비용을 줄인다고 도입한 창구단일화는 교섭은 커녕 교섭 전 갈등만을 증폭시킬 것이니 가히 '창구단일화의 역설'이라 할 만 하다. 창구단일화의 역설은 비단 교섭비용을 높이는 데 그치지 않는다. 교섭권을 박탈당할 수밖에 없는 소수노조와 산별노조는 자신의 존재 부정 앞에 거세게 저항할 수밖에 없다. 갈등의 노사관계를 해소하기 위한 노력은 무위로 끝나고 외려 더 큰 갈등만을 부추길 것이다.

창구단일화의 논의는 처음부터 본말本末이 전도됐고 결국 기형을 낳았다. 창구단일화의 개념이 잘못 이해됐기 때문이다. 창구단일화란, 모든 노동조합이 교섭권을 갖고 있다는 전제하에, 교섭의 효율화를 위해 교섭창구를 기술적으로 하나로 만드는 과정이다. 그러나 개정 노조법의 창구단일화는 기술적 과정이 아니라 교섭권을 부여하는 과정으로 둔갑했다. 그 결과 소수노조와 많은 산별노조의 교섭권은 부정된다. 기술적 과정이 몸통인 노동조합의 교섭권을 부정하는 것은 꼬리가 개를 흔드는 꼴의 비논리非論理다.

개정 노조법의 창구단일화의 핵심은 과반수대표제다. 그러나 과반수대표제를 통해 교섭권을 제약하는 나라는 없다. 아마도 가장 우스꽝스런 법을 가진 나라로 비난받기에 충분하다. 과반수대표제의 모델로 알려진 미국의 배타적 대표제exclusive representation는 창구단일화의 방식이 아니라 미국의 독특한 '노동조합 설립방식'이다. 미국의 노동조합은 우리의 노동조합과 그 성격이 매우 다르다. 우리나라 노동조합은 설립과 동시에 노동3권을 수행하는 대표체로 인정된다. 설립과 동시에 단체교섭권과 쟁의행위권을 부여받는다는 의미다. 그러나 미국 노동조합은 반독점법(일명 셔먼법)에서 금지하는 독점체가 아닌 결사체일 뿐이며, 미국노동위원회NLRB가 주관하는 선거를 통해 대표하고자 하는 노동자 중 과반의 지지를 확보할 때 비로소 노동조합으로 '인정' 된다. 이를 인정선거certification election라 하는데, 인정certification이란 노동조합의 설립이 법적으로 승인됨을 말한다. 따라서 배타적 대표제는 설립된 노동조합들의 교섭창구를 단일화하는 과정이 아니라 인정선거를 통해 교섭권을 부여하는 노동조합의 설립과정으로 이해하는 것이 옳다. 개정 노조법이 규율하는 과반수대표제는 미국의 배타적 교섭제와 관념상 동떨어져 있으며, 우리나라 헌법이 부여하는 교섭권을 부정하는 배제적exclusionary대표제일 뿐이다. 법적 다툼의 여지가 남아 있는 것도 이 때문이다.

창구단일화의 위험

복수노조 허용이 우리 노사관계에 큰 의미를 갖는 이유는 '노사관계 시장' 의 효과 때문이다. 앞서 언급한 바와 같이 '시장' 의 긍정적 논리를 노사관계에 부분적으로나마 도입하는 것은 장기적으로 소모적 갈등을 청산하고 새로운 틀을 만들 수 있는 계기를 마련할 것이다. 그러나 창구단일화는 교섭권을 독점할 수 있는 기제를 허용하기에 노사관계의 시장을 제약한다. 나아가 건강한 노사관계의 근간을 흔들 위험도 내포하고 있다.

과반을 조직하고 있는 노동조합에게 과반수대표제는 '독이 든 사과' 와 같다. 개정된 노조법은 노동조합끼리의 자율적 단일화 기회를 허용하고 있지만, 과반을 대표하는 노동조합이라면 법에 의해 자동적으로 보장되는 독점의 지위를 스스로 포기하지 않을 것이다. 다른 어떤 노동조합과도 교섭권 분점을 허용하지 않을 것이며, 논의조차도 이뤄지지 않을 공산이 크다. 더구나 이념적 지향을 달리하는 노동조합이라면 자율적 창구단일화의 가능성은 없다. 그러나 과반대표 노동조합이 향유하는 독점적 지위는 독이 든 사과일 뿐이다. 이들은 비록 노조권력의 달콤함을 맛볼지는 몰라도 노동운동 전체는 이기적 노동조합주의로 전락하기에 충분하기 때문이다. 독이 전체로 퍼지면 자본주의를 건강하게 만드는 기제로서의 노동조합은 이기와 무능의 집단으로 낙인될 것이고, 한국 노동조합은 쇠락의 길에서 헤어날 수 없게 된다.

과반을 조직하는 노동조합이 존재하지 않는다면, 자율적 단일화에 이르기 보다는 노동조합은 '전부 아니면 전무' All or Nothing라는 게임에 포획되기 십상이다. 결국, 과반을 차지하기 위해 한판의 전쟁이라도 불사할 것이다. 이 전쟁은 노동조합의 존립기반을 확보하는 일이니 치열함의 정도는 말할나위 없다. 사업장의 갈등과 혼란은 불을 보듯 뻔하고, 노동조합끼리의 싸움은 고스란히 치유할 수 없는 상처로만 남을 게다. 조합원 마저 노동조합을 등지게 될 터이고, 한국 노동조합 운동은 서로에게 밟혀 서서히 시들어갈 것이다.

첨언코자 하는 것은 '과반의 허상' 에 사로잡히지 말아야 한다는 점이다. 과반의 논리는 근대적일 뿐이다. 과반의 논리는 다수 독재라는 오류를 내포한다. 힘의 논리에 기초한 일방주의를 결과한다. 일방주의 안에 민주주의는 없다. 그렇기에 과반을 조직하는 노동조합이 진정한 대표체라는 환상은 버려야 한다. 과반의 논리는 충분한 협상, 풍부한 대안, 소수에 대한 배려가 전제될 때, 고유의 의미를 가질 뿐이다. 최후 의미로서의 과반의 논리가 최전방에 배치되는 순간, 힘 있는 자만의 독선이 진리의 자리를 차지하게 된다. 이때의 진리는 참된 이치가 아닌 지배일 뿐이다. 창구단일화는 이미 과반의 논리를 예정하고 강요한다. 그 강요 아래 다양한 참 진리는 구현될 길 없다.

창구단일화는 생산적인 산별노조의 실험을 제약할 수 있다. 산별노조가 지회 · 지부를 새로이 조직한다 하더라도 과반을 넘을 수 있는 가능성은 크지 않을 뿐만 아니라 비정규노동자를 조직하는 경우에는 더욱 그러하다. 결국 산별노조는 실질적인 교섭권 확보 가능성이 낮아 확장될 기회가 제약된다. 노동조합이 기업이라는 울타리에 갇히면 쇠락은 정한 이치다. 또 하나의 이익집단으로 전락하기 때문이다. 기업별 노동조합주의가 확산되면, 대기업이 시장독점으로 얻는 렌트rent의 일부를 나누어 가지는 대기업 노동조합만 살아남는다. 대기업노동자가 균점한 렌트는 하청기업의 비정규노동자의 희생 위에 서있기에 비정규직의 빈곤은 구조적으로 고착되고, 나아가 사회 양극화는 더욱 심화된다. 지역사회도 노동조합에 등을 돌릴 것이다. 지난해 쌍용차의 77일간 투쟁 동안 지역사회가 보였던 냉대는 이를 반증한다. 이 모두가 기업이라는 울타리에 갇힌 기업별 노동조합주의의 상흔이다.

기업별 노동조합주의가 뿌리 깊은 우리나라의 경우, 산별노조의 실험은 매우 커다란 의미를 갖는다. 산별노조는 기업별 노동조합의 병폐를 해소할 뿐만 아니라 한국 자본주의를 건강한 자본주의로 만드는 데 역할하기 때문이다. 산별노조는 기업을 초월해 노동계급의 연대를 튼튼히 묶어내고 지역사회와 결합하며 거시 경제를 운용하는 파트너로 성장할 수 있다. 양극화를 부추기는 승자독식의 미국식 자본주의를 거부하고 공동체주의가 살아 숨쉬는 건강한 자본주의를 만들어 나가는 데 기여할 수 있다. 노동정치의 기반을 이루며 의회에서 진보정치가 제 역할을 할 수 있는 근간이 되기도 한다.

그러나 우리나라 산별노조의 실험은 아쉽기만 하다. 비정규노동자는 아직 산별노조의 보호를 받지 못하고 있으며, 지역사회와의 연대는 공허한 주장만이 되풀이 될 뿐 실천적 사업 하나 제대로 만들어내지 못하고 있다. 전국단위의 정파나 현장단위의 의견그룹은 백가쟁명을 이룬다. 보건의료노동조합의 산별 실험은 절반의 성공만을 거둔 채

답보상태에 머물고 있고, 금속노조는 현대차 등 대공장 노조를 포섭하고 산별교섭의 원년을 선포했으나 무엇하나 제대로 이룬게 없다. 그럼에도 불구하고 산별노조의 실험은 계속돼야 한다. 리더십을 바로 세워 '공룡 같은 이익단체'로 전락하지 않도록 스스로 긴장해야 하고, 양극화를 해소하고 공동체주의 자본주의를 발전시키는 데 균형자의 역할을 해 나가야 한다.

창구단일화는 비단 교섭비용의 많고 적음의 문제는 아니다. 복수노조의 효과를 제한함으로써 갈등의 질곡을 해소할 수 있는 기회가 단절될 뿐만 아니라 새로운 노사관계의 틀을 실험하는 기회조차 박탈한다.

4. 노조 전임자 임금 금지와 그 이후

노조 전임자 임금지급, 왜곡된 역사

개정 노조법은 내년 7월부터 사용자의 노조전임자에 대한 임금지급을 금지하고, 타임오프제Time-off, 근로시간면제제도를 도입해 일정한 활동에 대해서만 유급을 허용한다. 타임오프제로 인한 변화를 전망하기 전에 노조 전임자 임금지급 관행의 역사적 뿌리를 이해하는 것이 필요하다.

노동조합은 노동자의 자주적 결사체다. 자주적 결사체란

노동조합을 조직하거나 선택(가입 또는 탈퇴)함에 있어 노동자가 스스로 결정해야 함을 의미하는 것은 물론이고, 노동조합의 활동 역시 스스로의 결정과 능력으로 행해야 함을 의미한다. 사용자의 개입이나 간섭으로부터 자유로워야 하니 재무적 독립 또한 자주적 결사체인 노동조합의 전제다. 노동조합의 전임자, 즉 노동조합 활동에 전념하는 자의 활동에 소요되는 재정은 노동조합이 스스로 책임져야 함은 여기서 비롯된다.

그러나 우리나라의 경우 노조 전임자의 임금은 사용자가 지급해 온 것이 오랜 관행이었다. 그 관행은 한국 노사관계의 왜곡된 역사의 산물이다. 담겨있다. 박정희 군사정부 이후 오랫동안 노동조합의 재정적 자립은 구조적으로 제약돼 있었다. 조합비의 상한을 기본급의 2%가 넘지 못하도록 법으로 금지해 놓았기 때문이다. 노동조합은 최소한의 활동을 위해서라도 어쩔 수 없이 전임자의 임금을 사용자에게 얻어내야 했다. 조합비 상한에 대한 제한이 없어진 것이 1997년 노동법 개정 때이니 전임자 임금지급 관행은 35년이 넘도록 지속됐다. 전임자 임금지급 관행은 정부의 배제적 노동통제전략이 낳은 왜곡된 역사의 산물이다. 그러나 사용자도 그 역사 왜곡에서 자유롭지 못하다. 노동하지 않은 전임자에게 임금을 주어온 것은 나름대로의 전략적 유용성 때문이다. 이른바 포섭Co-optation을 통한 담합의 가능성을 열어놓기 위함이다. 그 담합 또는 담함의 가능성으로 작업장의 노사관계에도 우리가 알지 못하는 많은 왜곡이 있었으리라.

따라서 전임자 임금금지 문제는 원칙만의 문제는 아니다. 재정적 독립이라는 원칙만으로 노동조합을 몰아 부칠 일만은 아니란 뜻이다. 그러나 역사의 왜곡으로 전임자 임금 문제를 무조건 덮어씌울 일도 아니다. 이미 13년 동안 노사는 그 역사의 왜곡을 이미 알고 있었고, 어쩌면 왜곡된 역사의 한 단면이라도 극복하기 위해 무언가 노력했어야 했다.

전임자 임금, 왜곡은 또 다른 왜곡을 낳고

전임자 임금 지급을 금지하면 지금의 재정자립도를 감안할 때, 노동조합활동은 당연히 위축될 수밖에 없다. 특히 중소영세부문의 노동조합은 더욱 그러할 것이다. 그러나 어찌하겠는가? 노동조합 활동은 노동자 스스로 지켜야 하는 일이다. 물론 노동조합주의를 보호하는 것은 필요하다. 이는 앞서 언급한 것처럼, 노동조합주의는 건강한 자본주의를 보듬고 발전시키는 핵심 제도이기 때문이다. 자본주의를 발전시킨 모든 국가들은 노동조합주의의 보호를 위한 다양한 제도적 보장을 확대해 왔다. 산업사회 초기에는 노동조합의 단결력을 확보해 주기 위해 단결강제(소위 숍 조항) 제도를 발전시켰다. 단체교섭에 대한 보호도 마찬가지다. 미국과 우리나라는 부당노동행위라는 독특한 제도를 발전시켰다. 단체교섭을 거부하거나 게을리하는 사용자에 대해서는 법이 직접 개입해 처벌한다. 보다 일반적으로는 노동조합이 단체교섭을 독점할 수 있는 지위를 부여하기도 하고, 정당한 쟁의행위에 대해서는 민·형사상의 책임을 면제하는 등 면책을 부여하기도 한다.

그러나 노동조합주의의 보호를 위해 노조 전임자의 임금마저 사용자에게 계속 내놓으라 하기에는 지나친 면이 많다. 전임자 임금지급 관행이 왜곡된 역사의 산물이긴 하지만, 노동조합 역시 그 왜곡 뒤에서 과도한 이익을 취했다. 노조 전임자의 규모 - 아직까지 신뢰할 만한 통계가 없지만 - 만 해도 그렇다. 최근 한국노동연구원이 실시한 조사에 따르면, 우리나라의 노동조합 전임자 수는 10,583명이고, 이들에게 사용자가 지급한 급여는 모두 4,288억원으로 추정된다. 전임자 1인당 조합원의 수는 149.2명. 일본의 경우 조합원 500명당 1인, 미국이 800~1000명 당 1인이라는 점을 고려하면 꽤 큰 수치다. 물론 미국의 경우는 업종별(산별) 노동조합이 주를 이루고 있으니 단순히 비교할 수는 없는 일이나, 우리나라의 경우도 총 조합원의 50% 이상이 산별노조에 가입해 있는 상황이고 보면 잘못된 비교라 치부할 수도 없다. 무엇보다 대기업의 전임자 수가 상대적으로 과도하다는 점은 눈총 살만 하다. 조합원이 1천명이 넘는 노동조합의 경우, 평균 22.5명의 전임자를 보유하고 있는데, 이는 300인 미만 규모의 노동조합이 평균 2명 이하의 전임자를 갖고 있는 것에 비해 차이가 크다. 규모도 규모려니와 지급되는 임금이 잔업수당과 같은 초과근무수당도 포함돼 있다니 노동조합도 비난으로부터 자유로울 수는 없다. 전임자 임금 지급 관행은 왜곡된 한국 노사관계의 역사로부터 시작됐지만, 그 왜곡은 당장의 편리便利를 취하고자 한 노동조합에 의해 또 다시 왜곡된 꼴이다. 결국 법이 개입할 수밖에 없는 상황에 이르게 되고 말았다.

전임자 임금지급이 완전히 금지된다면?

개정 노조법의 타임오프제로 인해 노조 전임자도 얼마간의 임금은 종전처럼 받을 수 있게 됐다. 과거의 수준에 비해 축소될 것이란 예상이 지배적이지만, 범위를 둘러싼 논란은 여전히 남아 있어 두고 봐야 할 일이다. 또 다른 갈등을 잉태하는 타임오프제는 정말 필요했을까? 타임오프는 적어도 노동조합이 진정한 대표체로 거듭날 수 있는 기회를 제한한다.

전임자 임금이 완전히 금지된다면 노동조합으로서는 생살을 도려내는 아픔이 있을 수밖에 없다. 그러나 감내해야 하지 않을까? 자주적 결사에 걸 맞는 책임지는 노동조합운동을 위해서, 투명한 노동조합 운동을 위해서, 떳떳한 노동조합 운동을 위해서 그 정도의 아픔은 감내할 만하다. 조합원들의 인식도 바뀌어야 한다. 현장 노동조합 활동가들은 조합비 인상에 난색을 표한다. 지금도 노동조합이 뭘 하는지 모르겠다는 조합원들도 상당수 있다고 한다. 그러나 조금의 추가적 부담이 보다 바람직한 노동조합운동으로의 발전에 초석이 된다면 해볼 만한 투자다. 사실 조합비라는 게 돈도 아닐 만큼 적다. 기본급의 1%인 곳이 있는가 하면, 많아 봐야 총액의 2% 내외다. 그래봐야 3만원을 넘지 않는다. 자신의 대표체가 활동하는 데 들어가는 경비라면 조금 더 인상해도 괜찮지 않겠는가. 그래야 노동조합에게 요구도 당당하게 할 수 있는 것 아닌가.

노조 전임자 임금 금지는 대표체라는 상품을 소비하는데 소비자인 조합원의 부담이 증가함을 의미한다. 조합원은 노동조합이라는 이익대표체의 서비스를 향유하는 대가로 조합비를 부담한다. 조합비 부담이 증가하면 노동조합 내부의 모습이 다소 달라질 것이다. 노동조합 활동에 대한 조합원들의 관심이 더욱 증가할 것이고, 전임자들의 책임의식은 더 커질 것이다. 조합원들의 노동조합에 대한 평가는 더욱 정교해 질 것이다. 전임자 임금을 사용자가 지급하는 상황에서는 조합원들의 목소리는 그 만큼 위축될 수밖에 없다. 반면, 조합원들이 스스로 경비를 부담한다면, 노동조합에 대한 내부감시와 건강한 비판이 활성화될 것이다. 이는 내부 민주주의의 확대로 이어질 수 있다. 노동조합의 투명성도 지금 보다 나아질 수 있고 불필요한 활동이 줄어 노동조합의 효율성도 향상될 수 있다. 무엇보다 노동조합이 자주적 결사체라면, 그 결사체의 활동에 드는 비용은 조합원인 노동자가 스스로 부담해야 한다. 이는 임금과 고용안정 등 경제적 이득을 떳떳이 취할 수 있는 기반이기도 하다.

타임오프제의 효과

타임오프의 본래 의미는 근무시간 중 임금 손실 없이 근로의무를 면제받을 수 있는 시간을 말한다. 개정 노동법의 타임오프제는 노조 전임자의 일정한 활동에 대해 근로의무를 면제해 주는 방식으로 유급으로 인정하는 제도다. 근로시간 면제대상 업무에는 노사교섭, 협의, 고충처리, 산업안전과 관련된 활동과 건전한 노사관계 발전을 위한 노조 유지 및 관리업무가 포함된다. 따라서 노조 전임자가 이러한 면제대상 업무를 수행할 경우에는 근로시간이 면제되기 때문에 종전처럼 임금을 지급받을 수 있게 된다. 타임오프의 한도는 새로 생기는 노동부 산하 '근로시간면제심의위원회'에서 결정한다. 이 위원회는 노동계와 경영계가 5명씩 추천하는 노사대표위원과 정부가 추천하는 공익위원 5인

등 총 15인으로 구성될 예정이며, 3년마다 근로시간면제 한도를 정하게 된다. 타임오프를 위반하면 형사처벌된다. 타임오프 한도를 위반하는 급여 지급을 요구하거나 이를 관철할 목적으로 쟁의행위를 하는 노동조합은 1천만 원의 벌금에 처해지고, 한도를 넘는 임금을 지급한 사용자는 2년 이하의 징역, 또는 2천만 원 이하의 벌금에 처해진다.

타임오프제는 노조 전임자의 규모를 축소시키는가? 이는 타임오프의 한도가 어느 선에서 결정되는 가에 달려있다. 문제는 타임오프의 상한을 정하는 일이 간단치 않다는데 있다. 타임오프 대상 업무인 교섭, 협의, 고충처리는 사안에 따라 소요되는 시간이 각기 다를 뿐만 아니라, 사업장의 노사협력이나 신뢰정도에 따라서도 커다란 차이가 있다. 산업안전 관련 활동 역시 업종에 따라 재해의 성격이나 위험 정도가 상이하므로 안전관리 활동에 드는 시간도 다르다. 상황이 이러하니 합리적인 타임오프 상한을 도출하기란 대단히 어려운 일임에 틀림없다. 그렇다하여 사안의 성격이나 사업장의 노사협력 정도, 산업이나 업종에 따른 차이를 배제한 채 조합원 규모만을 기준으로 일률적으로 정할수도 없는 노릇이다. 당장에 손익에 따라 노사당사자로부터 배척될 것이기 때문이다.

더구나 '건전한 노사관계 발전을 위한 노조관리 · 유지업무' 는 모호하고 애매하다. 모호한 이유는 차원을 달리하는 개념을 기계적으로 통합했기 때문이다. '건전한 노사관계 발전'이라는 목적은 매우 거창한 차원의 개념인 반면, '노조관리 · 유지업무'는 매우 일상적이고 미시적 차원의 개념이다. 법에 정한 '노동조합의 관리' 관련 업무는 조합원 명부나 규약, 재정관련 서류를 비치하는 일, 총회나 대의원대회의 개최, 임원선거, 회계감사 따위의 조직운영에 관한 기본적인 일들이다. 현장에서의 노조관리 · 유지업무라 봐야 친목을 위한 조합원들과의 회합, 일상적인 조합원 교육, 약간의 회계업무 등 일상적 업무가 주를 이룬다. 이러한 활동이 건전한 노사관계 발전이라는 목적과 어울리는가? 이는 마치 '세계평화 달성을 위한 가정관리 · 유지' 만큼이나 우스꽝스럽다. 목적과 활동이 동일 차원에 있지 못하니 전체는 의미가 없어졌고, 따라서 이 조항은 없는 조항이나 마찬가지다. 어쩌면 이미 법에 정한 일상적 관리 업무도 '건전한 노사관계 발전'에 직결되지 않으면 사용자에 의해 부정되는 상황도 벌어질지 모르겠다.

애매함도 크다. 해석하는 이에 따라 그 의미가 달라질 수 있기 때문이다. '건전한 노사관계'에 대한 상像은 노 · 사 · 정이 모두 다를 것임이 분명하고, '발전'은 한쪽에서는 '퇴보'로 인식되기 십상인 것이 노사관계의 특성이다. 관리 · 유지업무의 범위도 보는 이에 따라 다르다. 애매모호함으로 인해 이에 해당되는 활동이 무엇인지 정하기도, 그 활동에 소요되는 시간이 어느 정도인지를 산정하기도 불가능에 가깝다. (물론 어떤 식으로든 정해지기야 하겠지만, 논리의 비약이나 비논리의 무리가 따를까 염려된다. 이는 모두 갈등의 소지로 작용할 테니까)

타임오프 한도를 합리적으로 규정하기 곤란한 지금의 현실을 고려하면, 과거 수준의 전임자를 그대로 인정해야 하는 상황이 발생할 가능성도 배제할 수 없다. 너무 극단적인가? 적어도, 과거 수준의 전임자 수는 하나의 중요한 준거로 작용할 가능성이 높다. 이를 기준으로 조합원 규모 등을 고려해 일정정도를 가감한 수준을 한도시간으로 정하고, 여기에 근거를 끼워 맞추는 식으로 타임오프의 한도가 정해질 수도 있다. 금년 7월부터 전임자 임금 금지가 시작되니 타임오프 대상 업무의 구체적 기준, 소요시간, 한도 등이 시급히 마련돼야 한다. 심의위원회 구성 단계에서부터 노사의 힘겨루기가 예상되고, 시간마저 촉박하다. 그러나 노동조합활동에 대한 제대로 된 실태조사 하나 없는 게 지금의 현실이기도 하다. 상황이 이렇다면 유일한 경험적 근거인 과거의 전임자 수는 타임오프 상한선을 결정하는데 영향을 미칠 수 밖에 없다.

우여곡절 끝에 타임오프 한도를 정한다 해도 이는 '상한선' 이라기보다는 '이미 보장된 선' 으로 인식될 가능성이 높다. 결국, 사업장에서의 노사의 타임오프 협상은 법이 정한 상한을 주느냐 마느냐의 문제로 귀결될 것이다. 교섭이건 협의건, 고충처리건 산업안전 활동이건, 더구나 건전한 노사관계 발전을 위한 활동이건 상관없다. 어차피 '얼마인가' 가 문제일 뿐이다. 괜스레 이건 타임오프에 들어가는 업무고 저건 아니고 하면서 갈등을 치러봐야 돌아와 앉는 자리는 어차피 '상한선' 이라는 제자리일 것이다. 중소기업의 노동조합처럼 힘없는 노동조합이라면 상한선에 미치지 못하겠지만, 힘 있는 대공장 노동조합은 상한선 모두를 받아내는 데 그리 어렵지는 않을 게다. 더구나 타임오프로 인해 줄어드는 재정을 확보하기 위해 임금인상을 강하게 요구하는 상황도 벌어질 수 있다. 임금이 인상돼야 조합비 재정이 늘어나니까. 기우일수 있지만, 타임오프의 한도를 넘는 노사 간 거래 가능성도 전혀 배제할 수만은 없다. 노사 협상은 생물과도 같은 변화무쌍한 과정이다. 타임오프라는 의제가 추가되면 경우에 따라서는 협상의 구도가 달라질 수도 있다. 주고 받는 거래적 협상에서 타임오프를 위반하는 이면합의도 나타날 수 있다. 개정 노동법은 타임오프 상한을 위반한 노사 모두를 처벌토록 규정하고 있으나, 행정력이 미칠지 의문이다. 앞으로 타임오프제가 어떻게 운용될지 지켜봐야 하지만, 초기에는 상당한 진통이 따를 것이고, 이후에도 우리 노사관계의 발전에 도움이 될 수 있을지 의문스럽다.

5. 개정 노조법과 비대칭 균형

개정 노조법은 지금 시대에 부합하는 새로운 노사관계를 형성하는 데 기여할 수 있는가? 갈등을 해소하고 신뢰를 다지는 새 질서로 기능할 수 있는가? 앞으로 법 개정에 따른 시행령, 타임오프의 범위, 정부의 법 집행 능력, 노사의 상호작용 등을 지켜봐야 하겠지만, 한국 노사관계의 질을 높이는 질서로 기능할 것인지 의문스럽다.

나는 이 책에서 세계화 시대에 부합하는 노사관계의 원리로 '비대칭 균형'을 제시했다. 서로 모순돼 보이는 '비대칭'과 '균형'이 조화되어 새로운 노사관계의 원리로 역할하기 위해서는 몇 가지 전제조건이 필요하다.

우선, 비대칭의 정도가 일정한 임계치threshold를 넘지 않도록 통제돼야 한다. 임계점을 넘는 순간, 저울이 무너지듯 노사관계는 붕괴된다. 노사관계의 붕괴는 자본주의의 건강한 발전을 가로막는다. 앞서 언급한 바와 같이, 개정 노조법은 비대칭을 심화시킬 위험을 내포하고 있다. 복수노조 허용이 창구단일화에 의해 구조적으로 제약됨에 따라 노사관계 시장의 효과를 살릴 수 있는 기회가 봉쇄됐다. 이로 인해 노동조합은 또 다른 형태의 독점을 형성할 가능성이 높아졌으며, 독점력을 행사하는 소수 노동조합만이 과실을 향유하는 구조가 강화됐다. 타임오프의 도입으로 노동조합의 내부민주주의를 유도할 장치도 약화됐다. 생산적인 산별노조의 실험은 제약되고, 비정규노동자 등 이중소외계층의 결사체 역시 장벽에 가로막혔다. 결국, 거시적 차원에서의 노동조합주의는 더 큰 위기에 빠져들 수 있고, 노사 간 힘의 비대칭은 더욱 심화될 위험이 커졌다.

둘째, 비대칭 균형은 노 · 사 · 정의 품격 있는 행위양식에서 비롯된다. 힘의 우위를 절대적 지배를 목적으로 행사하지 않는 절제, 협력을 패배주의적 개량으로 백안시하지 않는 유연함, 갈등을 자연스런 상호작용의 결과로 이해하는 여유, 무엇보다 노동의 승리가 자본의 승리가 되고, 자본의 승리가 다시 노동의 승리가 될 것이라는 장기적 안목과 통 큰 인식이 필요하다. 그러나 개정 노조법은 행위주체의 품격 있는 행위양식을 유인하지 못할 가능성이 크다. 창구단일화를 비롯해 도처에 승자독식의 논리가 내재돼 있고 노사를 승패勝敗의 덫에 빠져들게 하기 때문이다. 노사관계가 승패의 관점에 빠져드는 순간, 상생은커녕 파괴적 관계로 전락한다. 여기에 더해 보수언론이 한판의 기氣싸움을 부추긴다면, 국민의 인식이 편향된 이기주의에 사로잡혀 있다면, 파괴적 갈등은 더욱 증폭될 것이다.

셋째, 비대칭 균형은 세계화의 논리인 유연성의 위험을 통제하는 제도적 장치가 확보될 때 달성될 수 있다. 이 책에서 강조했던 것처럼, 지금의 시대는 유연성이라는 논리의 불가피성에 대한 동의와 함께, 유연성의 남용이 공동체의 기반을 붕괴할 위험에 대한 동의를 요구한다. 유연성의 논리를 상생의 논리로 발전시키고, 유연성의 위험을 통제할 수 있는 조절장치로서의 새로운 규칙이 필요하다. 유연성의 남용을 통제하기 위해서는 기업별 노동조합주의를 극복하고 보다 큰 틀의 노동조합주의를 발전시켜야 한다. 그러나 개정 노조법은 기업별 노동조합주의를 고착시킬 위험을 갖고 있다. 노사관계가 기업단위에 매몰되면 노동조합은 하나의 이익집단으로 전락하고 유연성의 자본주의를 보정할 수 있는 거시적 기능도 상실한다.

비대칭 균형은 세계화 시대가 강요하는 불완전한 논리다. 그러나 그 불완전성은 지금의 시대에는 불가피하다. 노 · 사 · 정은 불가피한 불완전성을 이해하고, 비대칭이 자본주의의 틀을 파괴하지 않도록 절제함으로써 균형을 스스로 만들어야 한다. 자율적으로 통제된 균형을 통해 우리의 자본주의를 공동체주의가 살아 숨 쉬는 따뜻한 자본주의로 만들어 나가야 한다. 양극화로 공동체의 기반이 붕괴될 위험이 도사리고 있는 미국식 자본주의를 대체하는 길이기도 하다. 개정 노조법은 이를 위해 얼마나 봉사할 수 있을까? 점괘를 빙자해 전망을 늘어놓은 자의 마음은 심란하기만 하다.

칼럼으로 돌아본 한국 노사관계

■ 이 글은 2008년 서울신문 〈열린세상〉에 기고한 글에서 가려 뽑은 것이다. 한국 노사관계를 이해하는 데 도움이 되길 기대한다.

노사관계의 법치와 이카로스의 날개

새 정부에 대한 기대감이 불안감으로 뒤바뀌고 있다. 이카로스의 날개가 연상된다. 미궁인 라비린토스를 멋지게 탈출했지만 성공에 도취돼 아버지인 다이달로스의 충고를 잊은 채 너무 높이 날아버린 이카로스. 태양 가까이 오르자 밀랍으로 만든 날개가 녹아 바다로 추락해 버리고 만다. 이카로스가 시도한 무한한 도전에는 박수를 보내야 하지만 밀랍 날개로 태양 가까이 오르는 것은 실패가 예정된 무모함일 뿐이다.

앞으로의 노사관계를 생각하면 그 불안감은 현실이 된다. 꼬일 대로 꼬인 이랜드와 코스콤의 비정규직 문제, 곧 닥칠 것 같은 공공부문 개혁, 새로 시행되는 필수유지 업무 제도, 여기에 어정쩡하게 덮어뒀던 복수노조와 전임자 문제를 더하면 이명박 정부에 주어진 과제는 어느 것 하나 녹록지 않다.

그러나 노사관계에 그다지 커다란 공을 들이지 않는 것 같아 불안감은 더 커진다. 취임사에 언급된 이명박 정부의 방향에 토달 생각은 없다. 투쟁의 시대를 끝내고 동반의 시대를 열어야 함은 지당한 말씀이고, 상생을 위해 노사 모두 한 발짝씩 양보하라는 주문은 식상하기까지 하다. 외려 기업엔 규제 완화와 같은 손에 잡히는 약속을 하면서도 노동자에게만 양보하란 말로

들리기 십상이다. 노사문화의 자율적 개선은 선진화의 필수요건이라는 선언은 흠잡을 데 없지만 '문화'를 '자율'적으로 '개선'하는 것이 어디 그리 쉬운 일인가?

취임 초라 이렇다 할 만한 청사진을 당장 요구하는 것은 무리일지 모른다. 그러나 이를 만들고 구현할 만한 철학이나 전문적 역량을 찾아보기 힘들다는 점이 문제다. 새 대통령은 줄곧 법치(法治)를 강조해 왔지만, 말처럼 간단치 않다. 법의 흠결은 말할 것도 없고, 생물처럼 변화무쌍한 노동현장을 일일이 경직된 법으로 규율하기에는 어쩔 수 없는 한계가 있기 마련이다. 당장에 비정규직 차별을 판단하거나 필수유지 업무의 수준을 정할 기준도 모호한 게 현실이다.

더구나 법치는 대화와 타협의 대체물도 아니다. 노사관계는 당사자 자치를 근간으로 하기에 법의 개입엔 신중을 기해야 할 때도 많다. 제대로 된 법치를 완성하기 위해서는 불가능해 보이는 가운데서도 대화를 이끌어 내고, 원칙에 어긋나지 않되 공생을 위한 다양한 대안과 해법을 제시하는 능력이 필요하다. 자주 비교되는 프랑스의 사르코지 우파 정부도 구체적 청사진을 제시하면서 공산주의 계열인 노동조합과도 진지하게 대화하고 대안을 찾는 데 고심하고 있다. 그렇기에 내각과 참모의 역할은 막중하다. 노사관계 안정은 이명박 정부의 최대 과제인 경제 살리기의 근간인 만큼 주무부처인 노동부만의 일은 아닐 텐데, 노동과 일자리에 관련된 경제부처의 수장들은 성장주의자 일색이니 균형 잡힌 이해를 기대하기도 어려운 지경이다. 주무부처의 관점과 고민이 정부 안에서 얼마나 고려될지 걱정이다. 대통령을 가까이서 보좌하는 참모에겐 노사관계에 대한 맥락적 이해, 현장감, 시기를 놓치지 않는 판단력, 한발 앞선 예측능력이 필요할 텐데 지금의 인선으론 이 또한 기대하기 어렵다.

노동계가 올봄 강경 투쟁을 예고하고 나서자, 보수언론은 불법에 대해 한판의 전쟁을 하라 부추긴다. 만연한 불법은 근절돼야 하지만, 엄격한 법 집행만으로 이를 달성할 수 있다는 생각은 지나치게 단순하다. 게다가 도덕성은 고사하고 전문성마저 결여된 정부라면, 법은 곧 웃음거리가 될지도 모른다. 노사관계 선진화를 꿈꾸는 지금의 새 정부가 밀랍 날개로 태양에 오르려는 이카로스 꼴이다.

신은종 단국대 경영학 교수
서울신문 2008-03-11 30면

일, 놀이 그리고 삶의 균형

중학시절, 내 옆 반의 급훈이 "할 때 하고 놀 때 놀자"였다. 근면이나 성실 따위의 박제된 훈계가 급훈의 단골 메뉴였던 시절이었으니, 지금 생각해도 후련하고 뿌듯하다. 군사정부의 권위주의적 시대정신에 저항한 것은 말할 나위 없고, 학창시절 으레 죄악시됐던 '놀이'를 공부만큼이나 귀중한 가치로 부활시키는 데 성공했기 때문이다.

문득 놀이란 무얼까 의문이 들어 브리태니커를 들춰봤다. 신체적 · 정신적 활동 가운데 생존과 관련된 활동을 제외한 것으로 보통 '일'과 대립되는 개념이라 쓰여 있다. 아연하다. 뭘 몰라도 너무 모른다. 이미 중학시절 내 친구들은 놀이와 일의 균형을 멋지게 성취해 놓았는데,30여년이 다된 지금에도 놀이의 사전적 의미는 여전히 일의 대척점에 갇혀 있다.

그래서일까? 우리 사회는 과잉근로에 지쳐가고 있다. 공직사회도 마찬가지다. 새 정부의 출근시간은 아침 7시. 대통령의 출근이 이러하니 부처 수장이야 말할 것도 없고, 공무원들은 더 이른 새벽부터 시작해야 한다. 나도 얼마간의 공무원생활을 해본 터라 대강 짐작은 간다. 조찬회의가 다반사니, 자료다 뭐다 준비하려면 밤을 꼬박 새우기도 해야 한다. 일은 대중없이 떨어지고, 차분히 생각하고 준비할 시간을 기대하는 것은 호사스럽다. 불필요한 일들 때문에 정작 필요한 일엔 시간을 들이기 어려울 때도 많다. 게다가 와전된 섬김의 리더십 때문에 영락없는 머슴살이다. 본래 섬김의 리더십은 상사가 부하를 주인처럼 섬기라는 뜻에서 출발한 것 아닌가? 긍지와 자존감을 찾을 길 없는 데다 국민들의 시선마저 곱지 않으니 정신적 피로도 만만치는 않으리라.

많은 시간을 일하면 많은 성과가 날 것이란 생각은 전근대적이다. 한해 2357시간을 일하면서도 생산성은 바닥이라는 OECD 통계만 봐도 알 수 있다. 가치 있는 일을 제대로 하는 게 이치에 맞다. 미학자 진중권의 말처럼 상상력이 생산력이 된 지금, 제대로 된 일을 위해서는 휴식과 놀이가 필요하다. 휴식(refreshment)은 재충전이니 일에 활력을 더하고, 놀이(recreation)는 재생산을 위한 창의를 발현시킨다.3M이나 사우스웨스트 항공과 같은 초일류기업이 종업원에게 자율시간을 부여하고 일을 놀이로 승화시키고자 하는 이유는 이 때문이다.

휴식과 놀이가 거세된 일은 소외(疏外)를 낳는다. 창의와 상상의 기회가 없으니 재미도 의미도 없어진 일은 한낱 밥벌이에 불과하게 된다. 만족이나 자아실현을 기대하긴 애당초 틀렸고, 무력감만 더해간다. 최근 뉴욕의 '일 · 생활정책연구소'는 절반이 훨씬 넘는 근로자들이 과도한 일 때문에 "I cannot do this" 증후군을 앓고 있다고 발표했다. 지나친 일이 외려 사회 전체를 무능하게 만드니, 과잉근로의 독설이라 할 만하다.

과잉근로 사회는 정신이 빈곤하다. 목적과 이유는 사라지고 천박한 성과주의만 판친다. 요즘 세대의 급훈은 그래서 안쓰럽다. 1시간 더 공부하면 마누라 얼굴이 바뀐다고 하는가 하면, 자신의 경쟁자는 엄마친구 딸이란다. 바람이 헛되고 소통 없는 적대만 남아 있다. 아이들의 동화에는 개미와 베짱이가 간단히 대립된다. 땀 흘려 일하는 성실은 소중하지만, 베짱이의 연주를 의미 없는 빈둥거림으로만 이해하는 한 우리 사회의 정신은 더욱 빈곤해지고 말 것이다.

휴식과 놀이를 권하는 사회를 보고 싶다. 재충전도, 재창조도 없이, 일과 놀이 그리고 삶을 갈등하게 하는 우리 사회는 앞으로 무엇으로 경쟁력을 말하겠는가? 실업이 넘쳐나는 시대에 무슨 한가한 소리냐고 욕 들어 먹을 만도 하다. 그러나 실업이 고통스러운 것처럼, 자신의 삶을 갉아먹어 가며 꾸역꾸역 하는 일 또한 고통스러운 게 사실인데 어쩌란 말인가?

신은종 단국대 경영학 교수
서울신문 2008-04-14 30면

노사정 대화와 賢者의 한 마리 낙타

유산으로 남겨진 낙타 17마리를 두고 삼형제가 갈등하고 있다. 장남 몫은 절반, 차남에겐 3분의1, 막내에겐 9분의1이 주어졌다. 그러나 17마리는 둘로도 셋으로도 아홉으로도 나눠지지 않으니 서로 더 많은 몫을 주장할 뿐, 해법이 보이지 않는다. 마침 낙타를 타고 지나가던 현자賢者가 그들을 보고 자신의 낙타를 선뜻 내주었다. 이제 18마리가 된 낙타를 유언에 따라 장남은 절반인 아홉 마리를, 차남은 여섯 마리를, 그리고 막내는 두 마리를 가질 수 있게 됐다. 현자는 분배하고 남은 한 마리를 타고 유유히 사라진다. 대학에서 협상론을 가르치면서 협상의 미학을 얘기할 때 종종 드는 우화인데, 좀 진부하긴 해도 지금 우리에겐 현자의 낙타 한 마리가 꽤 절실하다.

굵직한 노동현안들이 차츰 갈등을 드러내기 시작했다. 공공부문 구조개혁 저지를 위한 노동계의 집회가 이달에 예정돼 있고, 노사협상도 다음 달부터 집중된다. 이랜드 등 비정규직 문제가 아직 남아 있는 데다, 7월부터 확대 시행되는 비정규직법의 영향도 만만치는 않을 것 같다. 엎친 데 덮친 격, 나아질 기미도 없는 경제상황이 경제를 살리겠다던 이명박 정부를 옭아맨다. 약속한 경제성장률은 목표를 슬금슬금 내려야 하는 형편이고, 일자리 사정도 최악이다. 녹록지 않은 노동현안들을 풀기에는 상황이 너무 좋지 않다.

결국 정부는 노사정 사회적 대화를 해법으로 제시했다. 노동계, 경영계, 정부뿐만 아니라 국회까지 포함하는 노사정 확대 6자 회담이 이르면 이달부터 가동될 모양이다. 대화로 상생을 모색하겠다는 점은 다행스럽 상생을잘될까 하는 걱정이 앞선다. 외환위기 이후 이른 바 코포라티즘(corporatism)이라는 실험을 계속해 왔지만 절반의 성공에 그쳤기 때문이다.

노사정 대화가 어떻게 운용될지는 지켜봐야 하겠지만, 갈등하는 노동현안을 풀기 위해서는 보다 큰 틀의 비전과 전략이 필요하다. 흔히 거론되는 아일랜드의 성공은 단순히 임금양보와 소득세 감면 따위를 주고받아 성사된 게 아니다.1987년 국가회복프로그램(PNR)은 극심한 위기가 강제한 어쩔 수 없는 선택이었고, 다행히 활황국면으로 접어든 세계경기에 힘입어 성공했다. 외려 주목할 사실은 그 이후 3년마다 사회적 합의가 꾸준히 이뤄졌다는 점이고, 이를 가능케 한 것은 국가차원의 '하이로드(High Road)' 에 대한 비전과 전략이었다. 그들의 하이로드 비전은 외국자본을 활용해 아일랜드 경제를 고숙련 · 고기술에 기초한 고부가가치 경제로 탈바꿈시킨다는 것. 비전에 대한 합의가 이뤄지자 노사정은 이를 달성할 수 있는 한 차원 높은 전략을 만드는 데 지혜를 모을 수 있었다.2000년 이후부터는 인적자원에 대한 폭넓은 투자, 경영혁신, 노동자의 경영참여 확대 등 노사가 그야말로 상생할 수 있는 기반을 차근차근 마련해 오늘에 이르고 있다.

노사 간 불신이 큰 우리에겐 남의 일일 거란 푸념은 접어두자. 불신으로 말하자면 아일랜드 노사만큼 적대적인 곳도 없다. 아직까지도 사용자의 반대로 노동조합의 공식적 승인이 제도화돼 있지 않다. 노사 간 적대감이 북유럽국가로 보기 힘들 만큼 높은 데도 30년이 넘도록 사회적 대화가 성공하는 이유에 주목해야 한다. 그것은 국가차원의 성장과 상생을 위한 뚜렷한 비전과 전략이 있었기 때문이다.

곧 예정된 노사정 대화가 노동현안을 풀어내는 장이 되길 바란다. 그러나 문제만 들고 대화의 장에 오면 낭패 보기 십상이다. 이를 풀어 결국 무엇에 도달할 것인가라는 비전도 함께 들고 와야 한다. 비전의 부재 시대다. 실용이니 선진화니 하는 레토릭만 무성할 뿐, 정작 앞으로 우리사회는 무엇으로 어떻게 살아가야 하는가에 대한 구체적 그림은 보이지 않는다. 이번 대화가 그 화두를 만들어야 한다. 낙타 한 마리는 삼형제의 갈등을 상생으로 이끌었다. 비전이라는 화두, 이것이 지금의 노사정 대화에는 현자의 한 마리 낙타일 게다.

신은종 단국대 경영학 교수

서울신문 2008-05-17 30면

일자리의 빈곤, 빈곤의 일자리

일자리 위기다. 실업률 3.1%라는 공식통계는 신뢰를 잃은 지 오래다. 지난 1년간 새로 생긴 일자리는 14만개에 불과하고 257만명이 실업상태에 있다. 최근 4년래 최악이다. 유가폭등에 미국 발 금융위기 조짐, 물가불안 등 안팎의 악재 때문에 일자리의 빈곤은 당분간 계속될 전망이다.

빈곤한 일자리 증가도 문제다. 통계청의 셈법으로도 비정규직 비중은 35.2%로 여전이 높은 수치이고, 노동계의 주장은 이를 훨씬 웃도는 54%에 이른다. 비정규직 관련 법이 시행되고 나서 비정규직이 줄어든 점은 그나마 다행이지만, 상대적으로 취약한 파트타임근로자, 용역근로자, 일일근로자는 더욱 증가했다. 비정규직의 처우도 악화됐다. 임금수준은 점차 떨어져 정규직의 60.5%에 불과하고, 사회보험 수혜 수준도 40% 미만으로 해마다 낮아지고 있다. 빈곤의 일자리가 만연돼 가는 것 같아 두렵다.

일자리 위기에 대한 이런저런 진단과 처방이 행해지고 있지만, 뾰족해 보이지 않는다. 나는 일자리 위기에서 우리 자본주의의 정신적 수준을 본다. 세계화라는 경향 뒤에 숨어서 극단적 유연성과 인건비 절감을 동시에 챙기려는 잇속 빠른 기업의 수준을 본다. 창의와 사회적 책임은 찾을 길 없고 비자금 조성과

편법증여에 골몰하는 경영의 수준을 본다. 고용에 관한 청사진도 없이 낡은 전투적 교섭주의의 덫에 빠져 있는 노동운동의 수준을 본다. 민생은 뒷전인 실종된 정치의 수준을, 철학도 대안도 없어 보이는 정부의 수준을 본다. 자신의 몫만을 챙기려 들며 민주주의나 공동체의 미래에 대한 고민이 부재한 빈곤한 정신이 일자리 위기의 근원적 원인이다.

시장주의를 주창한 애덤 스미스는 '국부론' 보다 17년 먼저 쓴 '도덕감정론' 에서 정의와 덕성을 강조했다. 사회정의와 공존의 가치를 외면하는 시장만능주의는 공동체의 위기를 초래한다는 경고를 스미스는 이미 200년 전에 하고 있다. 그래서일까. 자본주의의 결정판인 미국 자본주의를 좋아하지 않지만, 한편으론 부러운 면이 발견된다. 끊임없이 시장주의를 스스로 수정하려는 정신이 살아 있음이 그러하다. 빌 게이츠는 창조적 자본주의(Creative Capitalism)를 말한다.21세기를 위한 자본주의는 시장의 혜택을 받지 못하는 소외계층을 위해 기업이 테크놀로지와 시장을 제공하며 이윤을 동시에 추구하는 자본주의란다.

로버트 라이시는 시민들에게 슈퍼자본주의에 대해 경계하라고 주문한다. 지나친 유연성과 경쟁이 공동체의 가치를 해체하지 못하도록 공정한 경쟁 규칙을 만들자는 제안이 부럽다.

일자리의 빈곤화를 극복하기 위해서는 근원적으로 우리 자본주의의 수준을 한 단계 높이는 작업이 필요하다. 이는 사회적 관계와 규칙을 공정하게 바로잡는 데서 시작된다. 대기업과 중소기업의 권력적 원·하청 관계를 끊어 내고 공정한 거래 질서를 회복해야 한다. 고용 창출 능력이 큰 중소기업을 창의와 역동성을 갖춘 번듯한 일자리로 전환시킬 수 있기 때문이다. 사내하청과 같은 간접고용의 낡은 폐해를 수정해야 한다. 현대미포조선, 코스콤에 대해 사용자 지위를 인정한 법원의 결정은 우리의 고용관계 수준을 한 단계 높이라는 주문이다.

비정규직 관련 법 개정도 신중을 기해야 한다. 오랜 갈등 끝에 합의한 법의 정신은 무분별한 비정규직 남용을 근절하고 불합리한 차별을 개선하는 데 있다. 공동체의 미래에 토대가 될 수 있는 정의로운 규칙을 함부로 끌어내려서는 안 될 일이다. 지금의 일자리 위기는 경기악화 탓이 크다. 그러나 설사 경기가 회복된다 하더라도 일자리 빈곤화는 공동체를 위협하며 그대로 남을 게다. 우리 자본주의의 정신이 지금에 머무는 한은

신은종 단국대 경영학 교수
서울신문 2008-07-25 30면

녹색성장과 녹색일자리

녹색성장이 화두다. 지난달 정부수립 60년을 맞아 행한 대통령의 저탄소 녹색성장 선언은 예상치 못한 일이었다. 환경혁명이라는 시대적 패러다임의 전환을 선언하고 에너지 위기 상황을 기회로 바라보는 공세적 인식은 환영할 만하지만, 느닷없다는 느낌도 없지 않았다. 어쩌면 이념적 지향의 변화 때문일지 모른다. 대개 유럽의 생태주의자들은 '적색'을 거쳐 '녹색'으로 이전하는 경우가 많다. 우리에겐 조절이론가로 익숙한 프랑스 녹색당의 알랭 리피에츠만 봐도 그렇다. 개발과 실용을 주창한, 색깔로 치자면 적색과는 거리가 먼 대통령이 녹색성장을 선언했기에 다소 급작스러워 보인 것도 사실이다. 그러나 정치적 생태주의는 좌와 우의 이념적 스펙트럼에서 벗어나 있기 때문에 이런 생각은 나의 느낌일 뿐 이치에는 맞지 않는다.

녹색성장의 핵심은 신재생에너지의 사용비중을 현재의 2%에서 2030년까지 11%로 끌어올린다는 것이고, 여기에 그린홈 100만가구 건설, 그린카 4대 강국 진입의 계획도 포함돼 있다. 이를 두고 성장 지상주의에서 지속가능 성장으로 지향점이 바뀌었다는 분석도 있었고, 의욕적 비전의 실현가능성에 대한 회의적 시각도 만만치 않다. 그러나 회의적 시각에도 불구하고, 기후변화는 더 이상 피할 수 없는 조건이 되고 있다. 기후변화 그 자체뿐만 아니라 적응하는 과정에서 산업구조, 소비행태, 고용 등 경제와 사회 전반에 커다란 변화를 가져오는 만큼 이에 대한 철저한 대비가 필요하다.

녹색성장은 일자리 위기를 경험하는 우리에겐 좀 더 특별한 의미를 지닌다. 대통령은 녹색성장은 고용 없는 성장을 치유하는 근본책일 뿐만 아니라 녹색기술을 통해 '녹색일자리(Green Job)' 를 많이 만들어 낼 것이란 전망을 내놓았다. 녹색일자리에 대한 낙관은 도처에서 발견된다. 유엔환경계획(UNEP) 사무총장은 지난해 겨울 발리에서 열린 기후변화협약 회의에서 신재생에너지 산업뿐만 아니라 건설, 교통, 산림 부문에서 친환경 일자리가 늘어날 것이라 전망했다. 최근 미국 민주당 대선후보로 지명된 오바마도 녹색성장을 경제성장의 방향으로 제시하면서, 향후 10년간 태양열 · 풍력 · 수소 등 신재생 자원산업에 투자해 500만개의 일자리를 창출할 것을 선언했다.

그러나 이러한 낙관은 우리에겐 다소 이른 감이 있다. 아직까지 환경과 생태에 대한 사회적 인식이 성숙돼 있지 않기 때문이다. 특히 기후변화는 일자리에 대해 위험과 기회의 양 요소가 있는 만큼 신중히 접근해야 한다. 실제로 국제노동기구는 온실가스 배출을 제한할 경우 석탄산업의 경우 2010년까지 1500만개의 일자리가, 석유정제산업에서는 2만개의 일자리가 사라질 것이라는 전망을 내놓기도 했다. 사라지는 일자리를 녹색 일자리로 채우기 위해서는 녹색기술 개발 등 녹색산업에 대한 과감한 투자와 함께 교육훈련 확대를 통한 고용의 연계가 전제돼야 한다. 녹색 일자리의 질도 고민스러운 문제다. 신재생 자원분야는 고급인력에 대한 수요가 크지만, 재생에너지나 건설 부문의 경우에는 노동집약도가 높아 지금처럼 질 낮은 일자리가 지속될 가능성도 크다.

녹색성장이 성장과 고용의 선순환은 물론 공동체의 조화로운 발전에 기여하기 위해서는 정부나 기업뿐만 아니라 노동계의 역할도 중요하다. 기후변화에 대응하는 과정에서 실업 등을 둘러싼 사회적 갈등이나 부작용이 예견되기 때문이다.

이미 캐나다 등 선진국의 노동조합은 이를 최소화하기 위해 '정의로운 전환Just Transition' 을 고민하고 실천해 나가고 있다. 우리 노동계도 진지한 고민을 시작해야 한다. 일자리 감소에 대한 대응도 필요하지만, 보다 근본적으로 기후변화에 대한 인식수준을 높이고, 질 좋은 녹색일자리의 창출과 새로운 산업으로의 고용연계를 원활히 할 수 있는 우리 실정에 맞는 정의로운 전환 방안을 모색할 때다.

신은종 단국대 경영학 교수
서울신문 2008-09-19 30면

노사관계와 상처뿐인 영광

미국의 전설적 복서 로키 그라치아노의 파란만장한 삶을 그린 영화 '상처뿐인 영광'. "저기 저 위 누군가도 날 좋아하고 있군."이라 읊조리는, 얼마 전 타계한 폴 뉴먼의 깊은 미소를 기억하는 이가 많을 게다. 싸움꾼으로 전전하다 군 형무소에까지 가게 된 로키는 복싱코치의 눈에 띄게 되고, 결국은 챔피언의 자리에 등극한다.

환호하는 거리의 군중들을 보며 그가 남긴 말이 그대로 영화의 원제Somebody up there likes me가 됐다. 로키의 상처뿐인 영광은 숱한 고통을 이겨내며 일군 값진 승리를 말하는 것이니, 모순어법의 기막힌 맛이 담겨 있다. 흔히 상처만으로 점철된 승리 아닌 승리를 빗대어 말하는 직설어법과는 정반대다.

우리 노사관계는 영광 없는 상처로만 얼룩져 있어 보인다. 노사관계를 승패勝敗의 게임으로 바라보는 인식 탓이 크다. 당사자인 노사도 문제지만 보수 언론도 한 몫 단단히 거든다. 얼마 전 타결된 현대차 노사협상을 둘러싸고도 승패의 공방이 한창이다. 일부 언론은 노동조합의 요구에 퍼주기로 대응한 사측의 완패를 선언하는가 하면, 노동조합 내부에선 당초의 요구를 얻어내지 못했다는 이유로 패배한 집행부의 사퇴를 요구하고 있다.

승패를 판가름하는 기준이 제각각이니, 승자 없는 싸움이 되기 일쑤다. 부족하지만 합의의 의미를 찾고 다음 협상에서 좀 더 나은 합의를 이뤄낼 수 있는 진지한 평가가 필요할 텐데, 승패의 관점은 이를 용납하지 않는다.

다음 협상이 진행된다 해도 이전의 협상과 똑같은 주장과 요구가 지난하게 반복될 뿐, 또다시 패자만 남는 게임으로 끝날 공산이 크다. 오랜 진통 끝에 합의를 이룬 알리안츠생명이나 뉴코아의 경우도, 언론의 눈엔 사측의 완승, 노측의 완패로 보일 뿐이다. 장기파업으로 영업조직이 무너지는 손실이 컸음에도 사측이 법과 원칙을 고수함에 따라 승리할 수 있었단다.

사측의 승리가 사업장에 '법과 원칙'의 문화를 정착시킬 것이라는 순진한 믿음 때문일진 몰라도, 전리품인 성과급제도나 외주화가 노사갈등의 골이 깊어진 회사에 얼마나 도움이 될는지 두고 볼 일이다.

승패의 덫에 갇힌 노사관계는 협상 없는 대결만을 부추긴다. 협상이란 서로 존중하는 가운데 서로에 대한 이해를 높이고 함께 살 수 있는 대안을 찾는 과정이다. 이해利害가 충돌하기 마련이니, 서로 양보할 수 있는 합리적 범위를 찾아내는 게 또한 협상이다. 협상 없는 대결은 맹목일 뿐 그 끝은 상처뿐인 영광이며, 또 다른 대결만을 잉태할 뿐이다. 발상의 전환은 꿈도 못 꾸게 하는 게 승패의 덫이기도 하다. 유럽의 노사가 흔히 시도하는 고용보장과 임금동결 따위를 맞바꾸는 '교환의 정치'도 우리에겐 여전히 난제로만 느껴진다. 승패로 보자면 모두 패배한 결과로 매도되기 십상이기 때문이다.

노사관계는 이기고 지는 게임이 아니다. 흔히 말하는 윈-윈Win-Win 게임도 승패의 관점에 사로잡히는 한 모순된 수사에 불과하다. 노사관계는 '이해理解의 게임' 이다. 서로 다르다는 사실을 먼저 이해하고, 대안을 함께 찾는 '문제해결의 게임' 이기도 하다. 노사관계는 이해관계가 상충하는 당사자들의 상호작용이다 보니 상처가 없을 수는 없다.

그러나 그 과정에서 서로에 대한 이해가 높아지고 대안의 범위도 넓어진다면, 그 상처는 가히 로키의 영광스러운 상처라 할 만하다. 승패의 덫에서 빠져나오기 위해서라도 노사에 승패를 부추기지 말자. 사실 경쟁에서 살아남기 위해 맘 졸이는 것만으로도, 힘겨운 노동을 감당해내는 일만으로도 노사 모두는 버거우니 말이다.

신은종 단국대 경영학 교수
서울신문 '열린세상' 2008-10-25 26면

정부는 '하멜른 시장'이 되려는가

"들끓는 쥐를 없애만 준다면 원하는 만큼의 돈을 드리지요." 하멜른 시장市長이 말했다. 사나이는 거리를 돌며 피리를 분다. 쥐들은 피리소리에 춤을 추며 사나이를 뒤따랐다. 이윽고 다다른 강. 사나이의 피리소리는 강물을 넘고, 강물 속으로 쥐들이 사라진다. 피리소리도 차츰 낮아진다. 하멜른에는 다시 평화가 왔다. 모두가 어제의 일을 잊고 일상으로 돌아갔다. 돈을 주겠다던 약속도 쥐가 없어진 하멜른엔 남아 있지 않다. 사나이는 다시 피리를 분다. 이젠 아이들이 뒤따르고 사라진다. 아이들이 사라진 하멜른엔 희망도 사라졌다. 브라우닝의 독백의 묘미가 살아나서일까. 그의 동화 '하멜른의 피리 부는 사나이'가 전하는 1284년에 사라진 아이들의 경고가 새롭다.

또다시 위기다. 위기라는 말이 초라할 만큼 지금의 곤란은 크고 깊다. 내수침체로 영세 상인은 끼니를 걱정하고, 대기업의 하청구조에 묶인 중소기업은 휘청댄다. 비정규직은 점점 늘어 모두가 비정규직이 될 판이다. 청년들은 일자리가 없어 졸업을 미룬 채 기업 입맛에 맞는 '스펙'을 갖추느라 학원을 전전한다. 공기업 구조조정을 시작으로 감원의 공포가 사회의 근간인 삼사십대 노동자들을 위협한다. 가족이라는 부양시스템이 이미 해체된 상황에서 고령노동자들은 최소한의 생계를 위해 허드렛일이라도 찾아나서야 한다.

위기의 역사를 돌아보면, 고통을 짊어진 이도, 이를 극복한 이도 노동자 · 영세상인 · 중소기업가와 같은 서민들이었다. 해마다 2000시간이 넘는 노동을 감당했고, 500만명이 넘는 비정규직은 고용불안을 감내했다. 중소기업가들은 대기업의 횡포에도 묵묵히 제조현장을 지켜냈다. 위기라는 쥐를 몰아내기 위해 나름의 피리를 열심히 불어댄 그들이 있었기에 위기는 극복되고 또 극복됐다. 지난 대선에서는 경제대통령을 자처한 후보에게 자신의 한 표를 기꺼이 내놓았다. 부자를 꿈꾸어서가 아니다. 알뜰히 산다면 소박하지만 평화로운 삶, 그것이 이들의 희망이었을 게다. 경제를 살리겠다던 경제대통령의 약속을 믿고 나름대로 열심을 다해 살아온 그들이었다.

그러나 위기에 대한 정부의 대책은 어리둥절하다. 대기업과 부자만을 위한 감세를 신앙처럼 되뇐다. 세금을 줄이면 투자가 촉진돼 고성장을 이룰 수 있단다. 미국 발 금융위기가 어느 나라 할 것 없이 침체의 늪으로 밀어 넣는 판에 감세가 얼마나 투자로 이어질지 의문이다. 더구나 양극화를 심화시킨다면 위기극복의 기반인 사회적 합의는 물 건너간다. 고용대책에도 노동자는 없다. 비정규직으로라도 일자리를 채우려는지 비정규직 사용기간을 1~2년 더 연장할 모양이다. 내수부족이 곤궁한 비정규직의 증가에서 비롯됐을 터인데 더 늘려서 무얼 어떻게 하겠다는 건가. 애써 합의한 엉성한 기준마저 내동댕이쳐질 마당이니 정규직의 꿈을 또 한 번 접어야 하는 비정규직의 맘은 어떠할까. 최저임금제 '개선' 도 그렇다. 예순이 넘는 노동자의 몇 푼 안 되는 돈마저 깎아내리면 정말 일자리가 늘어날 거라고 기대하는가.

지금 정부의 모습이 하멜른 시장 꼴이다. 늦지 않았다. 세금을 줄인다는 둥, 하천을 정비한다는 둥 허튼 데 돈 쓸 궁리하지 말고 위기극복의 주역인 서민들을 보상하라. 사회보장지출과 공공부문 일자리를 확충해 내수를 진작시키고 연구개발과 교육훈련에 투자해 성장 동력을 다져라. 그러지 않으면 이들이 피리를 불며 떠날지 모른다. 피리소리를 따라 '희망' 이라는 아이들이 사라질지 모른다. 그 뒤 절망의 쥐들이 창궐한다면 어쩔 셈인가.

신은종 단국대 경영학 교수
서울신문 2008-12-18 30면

국가고용전략, 의욕보다 진단부터 차분히

국정운영 기조가 고용을 중심으로 재편된다. 4대강과 세종시 문제로 기진맥진해진 국민들에게는 오랜만의 희소식이다. 무엇보다 성장만으로 고용을 해결할 수 있다는 경도된 집착을 극복했다는 점이 다행스럽다. 일자리 창출은 단지 고용정책만으로 달성될 수 없다. 산업, 재정, 세제, 교육, 노동, 복지 등 모든 차원에서 종합적인 전략이 마련될 때 지속가능한 고용이 가능해진다.

국가고용전략회의가 지난 21일 첫 회의를 열고 다양한 고용해법을 내놓았다. 전문 인턴제 등 긴급 고용대책뿐만 아니라 고용투자세액공제, 서비스산업 활성화 등 세제와 산업 정책을 망라한 종합적 방안이 포함됐다. 일부에서 실효성을 우려하는 목소리도 나오고 있지만 지금은 모처럼 제 방향을 잡은 국정이 결실을 맺을 수 있도록 지혜를 모아야 할 때다.

일자리 위기를 해소하기 위해서는 근원적 해법이 마련돼야 하는 만큼 지나친 의욕보다는 차분하고 깊이 있는 진단이 선행돼야 한다. 정부는 올해 5% 성장, 25만개 일자리 창출을 목표치로 내놓았다. 성장의 고용유발 효과가 금융위기 이후 계속 낮아지고 있는 추세를 감안하면 지나치게 의욕적이다. 게다가 두바이 사태 등 금융위기의 여진이 아직 남아 있고 미국 오바마 정부의 금융규제 움직임 등이 악재로 작용할 수 있어 목표 성장률 달성도 불확실한 것이 사실이다. 일자리 위기를 가장 빨리 극복한 국가가 되겠다는 의욕을 나무랄 수는 없지만, 지나친 의욕은 달성할 수 없는 외형적 성장에만 집착하게 할 뿐 근원적 해법을 도외시할까 우려된다.

중소기업을 고용 창출의 핵심 매개로 선정한 것 역시 바람직하지만 이들의 경쟁력을 저해하는 여건과 구조에 대한 진단이 빠져 있다. 지난해 견실한 수출 중소기업마저 부도로 몰아넣은 키코(KIKO)는 아직도 계약 잔액이 11억달러에 달해 추가손실이 불가피한 상황이다. 금융당국의 잘못된 환율 개입에서 비롯된 손실인 만큼 이를 보전하는 방안을 마련하는 것이 중소기업의 일자리 유지와 창출에 도움이 될 것이다.

최근 중소상인을 위협하고 있는 대기업의 기업형 슈퍼마켓(SSM)에 대해서도 적절한 규제 방안이 필요하다. 중소기업연구원에 따르면 기업형 슈퍼마켓은 지난해 8월 616개로 늘어났고 올해에는 141개가 새로 생길 예정이다. 적절한 규제가 마련되지 않을 경우 중소 상공인의 피해가 예상되고 이는 고스란히 고용 악화로 이어질 것이다. 고질적 병폐인 대기업 · 중소기업 간 권력적 원 · 하청구조 문제도 끊임없이 제기되고 있지만 이를 해소할 구체적 방안은 미완으로 남아 있다. 지속가능한 고용을 위해서는 중소기업의 장점인 창의를 제대로 발현할 수 있도록 불합리한 여건과 구조를 치밀하게 진단하고 과감히 손질해야 한다. 나아가 연구개발 투자와 직업훈련에 대한 지원책도 함께 마련될 필요가 있다.

일자리 위기의 원인인 내수 침체에 대한 대책도 보완돼야 한다. 내수가 살아나지 못하는 이유는 무엇보다 430조원을 넘는 과도한 가계부채 때문이다. 이는 가계 실질 가처분소득의 80%를 육박하는 규모다. 일자리 창출을 위해서는 내수 진작이 필요한 만큼, 서민을 위한 특별 금리대책 등 가계부채 경감 방안이 병행돼야 한다.

일자리 창출은 정부만의 몫은 아니다. 지금 필요한 것은 사회경제 주체들의 공동체주의적 노력이다. 기업은 신규고용 확대에 대한 약속을 책임있게 이행해야 한다. 지난 14일 전국경제인연합회는 30대 그룹을 중심으로 8만여개의 일자리를 창출할 것임을 밝혔다. 그러나 채용만큼 인위적 고용조정이 이뤄지다 보니 약속한 신규고용창출은 제대로 이행된 적이 없다. 지난해만 보더라도 10대 그룹이 창출한 신규 일자리는 2400개에 불과하다. 이는 일자리 창출을 위해 대기업이 좀 더 많은 역할을 해야 함을 반증한다. 노동계 역시 일자리 위기에 침묵하지 말아야 한다. 위기의 시대에 맞지 않는 낡은 운동방식을 지양하고 고용친화적 노사관계를 구축할 청사진을 제시해야 한다.

신은종 단국대 경영학 교수

서울신문 2010-1-29

노사관계역사 200년
복수노조 허용 이후의 한국 노사관계를 전망한다.

초 판 발 행 | 2007년 1월 25일
개정판1인쇄 | 2010년 2월 8일
개정판1발행 | 2010년 2월 12일

저 자 신은종
발행인 유재식
발행처 북넷

주 소 서울시 용산구 효창동 5-3 대신빌딩2층
등 록 2007.11.1 /제203-90-00857
전 화 (02)395-2341
팩 스 (02)395-2303

정 가 15,000원
ISBN 978-89-93740-19
e-mail book2341@naver.com